海葬

大清海軍與李鴻章

THE QING DYNASTY'S NAVY
AND LI HUNG-CHANG

U0061391

錢鋼 著

中華書局

□ 責任編輯：蕭　健
□ 版式設計：高　林
□ 封面設計：梁冠傑
□ 排　　版：黎品先
□ 印　　務：周展棚

海葬——大清海軍與李鴻章

□
著者
錢鋼

□
出版
中華書局（香港）有限公司
香港北角英皇道 499 號北角工業大廈一樓 B
電話：（852）2137 2338　傳真：（852）2713 8202
電子郵件：info@chunghwabook.com.hk
網址：http://www.chunghwabook.com.hk

□
發行
香港聯合書刊物流有限公司
香港新界荃灣德士古道 220-248 號
荃灣工業中心 16 樓
電話：（852）2150 2100　傳真：（852）2407 3062
電子郵件：info@suplogistics.com.hk

□
印刷
美雅印刷製本有限公司
香港觀塘榮業街 6 號海濱工業大廈 4 樓 A 室

□
版次
2014 年 7 月初版
2024 年 3 月第 2 次印刷
© 2014 2024 中華書局（香港）有限公司
□
規格
16 開（230 mm×170 mm）

□
ISBN：978-988-8290-81-9

目錄

大事記

一八六四年　江蘇巡撫李鴻章致書恭親王奕訢稱：「天下事窮則變，變則通」，「中國欲自強，則莫如學習外國利器。」

一八六七年　中國歷史上第一所海軍學校——馬尾船政學堂成立，創始人為閩浙總督左宗棠。

一八七四年　日本侵略台灣引發了由清廷主持的海防建設論爭——海防大籌議。李鴻章將中國在兩次鴉片戰爭之後面臨的嚴峻形勢概括為「數千年未有之變局」，指出中國正面對「數千年未有之強敵」。

一八七七年　中國歷史上第一批海軍留學生赴英國皇家海軍學院。

一八八一年　高懸龍旗的中國軍艦出現在大西洋、地中海、紅海……向英國購買的「超勇」、「揚威」兩艘巡洋艦在中國海軍軍官駕駛下回國。

一八八四年　中法戰爭。福建船政水師在馬尾遭受重創。清廷政局動盪。

一八八五年　總理海軍事務衙門成立。醇親王奕譞取代奕訢的政治地位，並執掌海軍大權。政潮起伏使海軍事業處境微妙。

一八八五年　中國定造的鐵甲艦「定遠」、「鎮遠」由德國回華。日本國民中出現恐「定遠」、「鎮遠」症。

一八八六年　由海軍衙門主持的頤和園工程動工。

一八八八年　北洋海軍正式成軍。

一八九一年　清廷緊縮開支，停止購買海軍軍械。與此同時，日本海軍在奮力追趕中實力接近中國。

一八九四年　中日甲午戰爭爆發。北洋海軍於次年初全軍覆滅。

一八九五年　中日簽訂使中國蒙受奇恥大辱的《馬關條約》。

引子——一個荒唐的故事

一八五四年，在中國長江流域的江河湖泊上，湘軍統帥曾國藩率領由五千餘名水勇和四百餘條「長龍」、「快蟹」、「舢板」等木船組成的水師，正向太平天國的「水營」輪番進攻。這也許是本書所描寫的中國近代海軍誕生之前，處於槳船時代末期的中國傳統水師進行的最後一次大規模舊式水戰。水戰場面的宏闊壯麗令人歎為觀止：鼙鼓驚天，千槳飛動，血濺碧濤。晚清作家李伯元在筆記中描繪端坐在「長龍」上的水師將領：他們身着銀紅緞袍，「翠翎珊頂」，「望之如畫」。[1]

數年後，湘軍圍困太平軍佔領的安慶。湘軍首領之一胡林翼親往視師，策馬登山，瞻眺形勢。他以勝券在握的口氣說：「此處俯視安慶，如在釜底，賊不足平也！」當他策馬下山，馳至江畔，猛然看見兩艘巡弋於長江上的洋人軍艦，正疾如飄風，鼓輪而上。這位睿智過人的胡文忠公，立時變色不語，勒馬回營。途中忽大口嘔血，幾乎墜下坐騎。此後，每當有人與胡林翼談起洋人洋務，他總是搖手閉目，神情黯然，歎稱：「此非吾輩所能知也……。」[2]

▲ 湘軍名將胡林翼

一八六三年，在逐漸熱鬧起來的世界海圖上，在需要繞行好望角的歐亞航線上，一支即將屬於中國的海軍艦隊，正由英國駛向中國港口。它的六艘炮艦分別稱作「中國」、「北京」、「廈門」、「天津」、「廣東」、「江蘇」，補給艦的名字「穆克德恩」是滿語音譯，即「盛京」。很像是

1 李伯元：《南亭筆記》（上海：上海古籍書店，一九八三年），卷七，頁十一。

2 薛福成：《庸庵筆記》（南京：江蘇人民出版社，一九八三年），卷一，頁十七。

▲ 湘軍統帥曾國藩

一個奇幻的夢。七艘屬於中國的軍艦，軍官和水兵卻全部都是英國人。維多利亞時代的年輕軍人活潑而興奮，即將前去的目的港充滿了誘惑。挺立在旗艦艦橋上的，是一位躊躇滿志的皇家海軍上校，舍納德·阿思本（S. Osborn）。這是一個和大清帝國結下了不解之緣的英國軍人。他曾兩度參加中英鴉片戰爭，在第二次鴉片戰爭中，他擔任艦長的戰艦「狂暴」號，曾載着日後將下令焚燒圓明園的額爾金先生（J.B. Elgin），溯長江而上，考察通商口岸。此刻，阿思本親率這支特殊的艦隊，身上攜帶英國海軍部簽發的一份極其重要的「許可證」，許可他「擔任中國政府的軍事職務」。使阿思本熱血澎湃的是，在他剛滿四十週歲之際，他將成為古老中華帝國數千年歷史上第一支新式艦隊的司令官。

阿思本和中國海關總稅務司、英國人李泰國（N. Lay），在一八六二年甚至還自說自話地為艦隊設計了綠色底、黃色交叉對角線、心內畫黃龍的艦隊用中國國旗，並請英國外交部在政府公報上公佈。

但這只是一個來去匆匆的夢。

被後來中國人稱作「冒險家」的那些西方人，許多在當時都是青年。這支奇異的艦隊，就是二十六歲的中國海關代理總稅務司赫德（Sir P. Hart）於一八六一年建議總理各國事務衙門花銀子購買的。赫德指出買艦的最大好處是可以「克復沿海失守各處」。許多史料也表明，清政府真正下決心購買這支艦隊是在太平軍大舉進攻上海之時。但是對於飽受「堅船利炮」之苦的大清帝國來說，又有誰能否認這「購買」本身所具有的多重意義呢？

負責購買艦隊的中國海關總稅務司李泰國正式向清政府提出：由阿思本出任海軍司令（而清政府原只準備讓阿思本擔任中方總司令的幫辦），並提出阿思本只聽從中國皇帝一人命令。朝廷內外聞之譁然。李泰國、阿思本提出使用艦隊介入攻剿太平天國首都天京（南京）；此舉立刻被認為直接威脅了湘軍的利益。曾國藩提出：阿思本「意氣凌厲，視輪船奇貨可居，視漢總統如堂下之廝役、倚門之賤客」，「水陸將士皆將引為大恥」。曾國荃也提出：「長江水師帆檣如林，無須輪船會剿金陵。」

事件的結局劍拔弩張。阿思本上校向清政府發出最後通牒：如在四十八小時內不接受他和李泰國的條件，「那就必須將這支部隊解散」！清政府立刻作出反應：中國兵權不可假於外人。並照會英國：艦隊撤銷！曾國藩傲然地說：「以中國之大，區區一百七十萬之船價，每年九十萬之用款，視之直如秋毫，了不介意。或竟將此船分賞各國，不索原價，亦足使李泰國失其所恃而折其驕氣。」[3]

阿思本上校走了。

阿思本艦隊變賣了。

艦隊消失了。留下的是那條三萬六千里長的昨日的海岸線。

3 曾國藩：《總署收兩江總督曾國藩函（同治三年八月二十二日）》，收入《海防檔》（台北：中央研究院近代史研究所，一九五七年），甲〈購買船礮（一）〉，頁二四四—二四六。

還是引子——一些軼事和那個時代

一八五三至一八五六年間的黑海克里米亞戰爭，由於證明了蒸汽機遠勝於風帆，證明了在穿透力巨大的爆破彈面前裝甲的必不可少，它事實上成為木船時代的葬儀和鋼鐵時代的洗禮。

十九世紀，是一個爐火熊熊的世紀。機器決定了人類的方向。人類對於冶金、化學、彈道學、機械學的全新的認識，使人的力量百倍增強。梁啟超後來用他那支蘸滿感情的筆，這樣為新世紀謳歌：「……艨艟輪艦，衝濤跋浪，萬里縮地，天涯比鄰。蘇伊士河開鑿功成，東西相距驟近，西力東漸，奔騰澎湃，如狂飆、如怒潮，齧岸砰崖，黯日蝕月，遏之無可遏，抗之無可抗。」

一八五〇年一月三十一日，在《新萊茵報》上，馬克思（K. Marx）、恩格斯（F. Engles）對遙遠的中國，發出了熱情洋溢、卻遠非精確的預言——

> 世界上最古老最頑固的帝國，八年來在英國資產者大批印花布的影響下，已經處於社會變革的前夕，這次變革必將給這個國家的文明帶來極其重要的結果。如果我們歐洲的反動分子不久的將來逃奔亞洲，最後到達萬里長城，到達最反動最保守的堡壘的大門，那麼他們說不定就會看見這樣的字樣：
>
> R´EPUBLIQUE CHINOISE
>
> LIBERT´E, EGALIT´E, FRATERNITE
>
> （中華共和國
>
> 自由、平等、博愛）[4]

▲ 中國最早畢業於美國第一流大學的留學生容閎

▲ 馬克思、恩格斯曾把中國走向自由、平等、博愛的希望寄託於太平天國，卻不知起義者的理想依舊是「萬方來朝」。

就在與胡林翼嘔血的時間相去不遠，有個剛剛改去西式長髮的中國青年人，穿過戰火來到太平天國的首都天京。這個中國歷史上第一個畢業於外國著名大學（耶魯）的留學生容閎，會見了《資政新篇》的作者洪仁玕，提出了把西方文明引入中國的「治國七策」。其中第三項為建立一所海軍學校。在令人興奮的徹夜長談後，洪仁玕表示一定奏請天王洪秀全施行。容閎急切地盼望等待了數日。終於，回音到了。有人送來一隻紅綢包裹。「治國七策」被一枚四等爵位的官印所替代而束之高閣。容閎拒絕了天王的賜封，悲哀地走了。[5]

在等待的日子裏，不知容閎是否聽說過天王府內那幅名曰「太平天國萬歲圖」的世界地圖，在這塊「世界版圖」上只有四個國家：日本、英國、法國是位於邊角處的三個小點，而巨大的中國卻位於「天下」的正中央。

馬克思說：「與外界完全隔絕曾是保存舊中國的首要條件，而當這種隔絕狀態在英國的努力之下被暴力所打破的時候，接踵而來的必然是解體的過程，正如小心保存在密閉棺木裏的木乃伊，一接觸新鮮空氣便必然要解體一樣。」

4 馬克思、恩格斯：《馬克思恩格斯全集》（北京：人民出版社，一九五九年），卷七，頁二六五。
5 容閎：《西學東漸記》（長沙：岳麓書社，一九八四年），第十章。

克里米亞戰爭爆發前夕，俄國作家岡察洛夫（Goncharov, Ivan Aleksandrovich）乘坐三桅戰艦「巴拉達」號環游世界，曾到過中國。他的回憶錄中留下了「中國人」的形象——

他們——「拖着遊蛇般的黑長辮子」，「膚色蠟黃，神情虛弱」。「他們面相衰老，臉上堆着皺紋，無鬚，看上去同老太婆的面孔十分相像，沒有一絲一毫的丈夫氣。另外，他們的面孔像是一個模子澆鑄出來的，沒有差異。」

岡察洛夫來到正與小刀會起事軍對峙的清軍營盤。只見表示達官重宦官品出身的旌旗五彩繽紛，象徵常備不懈的禮炮聲聲鳴放，成堆的烤豬、燒雞和麵餅羅列在炮口周圍，那是獻給神威火炮的祭品。岡察洛夫來到小刀會的城牆下，只聞人聲鼎沸——不是攻城，成羣的商販正仰首與城頭上的起事士兵討價還價，瓜果菜蔬與銀元銅子擲上落下，熱鬧非凡，彷彿世界上甚麼事情也沒有發生。

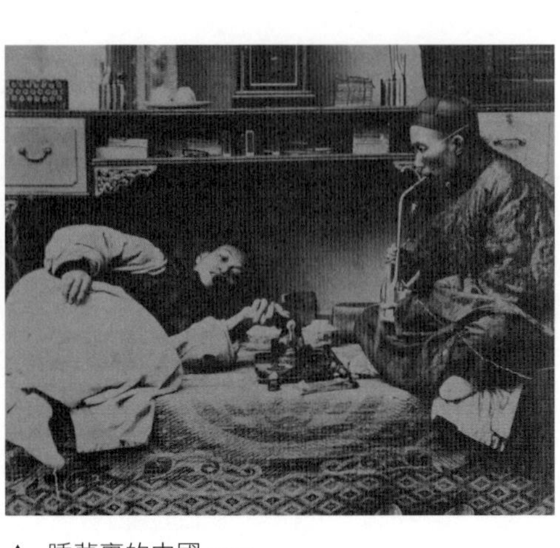

▲ 睡夢裏的中國……

然而帝國在解體。

當五個中國人中就有一個「見困於洋煙」時，洋紗、洋襪、洋巾、洋油、洋燭、洋釘、洋錢……正進入中國沿海地區的千家萬戶。被當作奢侈品的咖啡和香檳酒正進入宮廷。滿大人們私藏起護身的洋槍。湘軍、淮軍和太平軍用洋炮互相轟擊。「四億萬人黃種貴，二千餘歲黑甜濃」的夢被擊碎了。當第二次鴉片戰爭的戰火焚毀圓明園之後，中國「戰則喪師、和則辱國」的軀殼中空之相，已歷歷在人耳目，西方世界的淘金狂們紛然而至。

清政府已不得不把對西方國家有蔑視意味的「夷務」一詞改作「洋務」。一時間，洋務紛繁、洋霧彌漫，中國人既不能無視西方列強的存在，便只能帶着欲迎還拒的心情與洋人周旋。

花翎燦爛的清朝大員登上了洋人軍艦，檢閱威儀整肅的外國海軍，他們故作「不卑不亢」的「安閒之態」，頭正身直，竭力以花翎不搖曳為榮。

心態無法平衡的是那些日誦《太上感應篇》的舊學大師。大學士徐桐的私宅與外國使館為鄰，每日洋樂盈耳。偏偏公子又是一個崇洋派，在家中鬪造了一間悉用西式食具的餐廳。見洋人必以扇遮面的徐桐，豈能忍受着每次歸家，都閉目掩耳，從兒子居室前疾趨而過。相傳老先生還在門前貼了一幅對聯：

望洋興歎
與鬼為鄰

士大夫們在切齒痛罵：中國之可羞恥者，未有大於西洋之流毒！他們痛斥西洋曆法不如中國曆法精確——到十五而居然月不圓。他們痛斥「日心說」——窺其用心，是要破我天地兩大，日月並明，君臣父子夫婦三綱；派赴歐洲的公使劉錫鴻，甚至從更權威的角度批駁英國人「無事不與中國相反」：「論國政，則由民以及君；論家規，則尊妻而卑夫；論文字，則由左而之右……」他論證：「蓋其國居於地軸之下，故風俗制度咸顛而倒之也。」

美國人丁韙良（W.A.P. Martin）擔任過京師同文館的總教習。有一天，總理衙門派專人去看他做電報實驗。他在回憶錄中寫道：「……我做實驗的時候，他們只是望着，既不了解，又無興致。其中一位翰林，竟輕蔑地說道：『中國四五千年來沒有過電報，固仍泱泱大國也！』後來我給了他們一些小玩意兒，他們卻很高興了。弄着帶磁性的魚、鵝，撫掌歡笑，歎為神奇，玩了很久。在文學上他們是成人，在科學上他們還是孩提啊……」[6]

6 丁韙良：《同文館記》，收入《中國近代學制史料（一）》（上海：華東師範大學出版社，一九八三年），上冊，頁一八一。

這段話令人感到親切，同時也令人心情複雜而尷尬。解體的裂膚之痛，注定要讓中國人承受百年。

一個美國人在當時這樣說：「今天中國可以合適地說是像某個有力的巨人從長眠之中清醒了過來，激發自己，搖盪他斑白的頭髮，擦着模糊的眼睛，察看他的地位，覺得他應該行動，但不知道如何行動。」

十九世紀六十年代，一批儒家官僚在充滿腐敗氣息的故紙堆中，推開了通往外界的門窗——

▲ 李鴻章說：「中國欲自強，則莫如學習外國利器……」

「泰西巧而中國不必安於拙也，泰西有而中國不能傲以無也；……譬猶渡河，人操舟而我結筏；譬猶使馬，人跨駿而我騎驢，可乎？均是人也，聰明睿智相近者性，而所習不能無殊。中國之睿智運於虛，外國之聰明寄於實。中國以義理為本，藝事為末，外國以藝事為重，義理為輕。」（左宗棠，一八六六）[7]

「鴻章以為天下事窮則變，變則通。中國士大夫沉浸於章句小楷之積習，武夫悍卒又多粗蠢而不細心，以至所用非所學，所學非所用。無事則嗤外國之利器為奇技淫巧，以為不必學；有事則驚外國之利器為變怪神奇，以為不能學。……鴻章以為中國欲自強，則莫如學習外國利器；欲學習外國利器，則莫如覓製造之器……」（李鴻章，一八六四）[8]

新時代悄悄來臨了。

馬尾

一八六七年一月二日。

細雨霏霏的福州。

一個梳長辮的十三歲孩子，怯生生地走進城南定光寺。這裏是中國第一所海軍軍官學校——福建船政學堂暫借的學舍。這個不久前喪父，身上穿着孝服的少年，他的入學試文《大孝終身慕父母論》，剛剛在第一批考生中名列榜首。

這個名叫嚴復的孩子，三十年後，翻譯出版了警醒中華民族的赫胥黎（T.H. Huxley）的《天演論》。

「……赫胥黎獨處一室之中，在英倫之南，背山面野。檻外諸境，歷歷如在几下。乃懸想三千年前，當羅馬凱撒未到時，此間有何景物？計惟有天造草昧，人功未施……」

世界就是這樣進化着。

有外國人留下文字記載，福建船政局所在的馬尾，「從前是浸在水裏的」。在那片水田中，出現了中國最早的，由傳統匠人轉變而成的產業工人。這裏出現了在中外文化交流史上有着重要地位的第一本《法漢詞典》。這裏出現了完全不亞於西方的來福槍和榴彈生產車間。這裏出現的船政學堂，將孕育出中國海軍史上一批最傑出的艦長。

這批孩子來自東南沿海地區，「資質聰穎，粗通文字」。彷彿是命運

▲ 嚴復

7 左宗棠：《左宗棠全集》（長沙：岳麓書社，一九八九年），第三冊，頁六十三。

8 《籌辦夷務始末（同治朝）》（台北：文海出版社，一九七一年），卷二十五，頁十。

▲ 定光寺——中國近代海軍的搖籃

的安排，他們出生於五十年代初克里米亞戰爭前後的數年間。他們和世界海軍史上的鋼鐵時代同期降生，又將和中國海軍的鋼鐵時代命運與共。

十九世紀八十年代初，清廷在內憂外患的交逼下開始變革。平定太平天國的戰爭使清朝滿、漢間的權力結構發生重大改變：清廷的正規軍（八旗和綠營）從此沒落，而漢人領導的非正規武裝（湘軍和淮軍）起而代之。握有實權的漢族封疆大吏曾國藩、李鴻章、左宗棠，與垂簾聽政的慈禧和恭親王奕訢，從此聯手，推動了一場歷時三十年的「自強運動」。江南製造局、福建船政局和船政學校正是這場運動最初的事業。

船政大臣衙門，有一幅總理船政大臣沈葆楨（林則徐的女婿）親擬的對聯——

以一簣為始基，自古天下無難事
致九繹之新法，於今中國有聖人

最早的造船廠有如新式的作坊。每當放工的汽笛鳴響，從車間裏川流出的，是五顏六色的油紙傘和烏油油的辮子的海洋。

最早的學舍旁邊是寺廟。晨鐘暮鼓。塔影山光。黎明或是黃昏，孩子們在高聲朗讀英文和法文，僧侶們在吟唱佛經，這情景被嚴復描述為「伊吡之聲與梵唄相答」。塵世遠去了。不同的語音融合為一，都在召喚另一個世界。

學生向「洋教習」學幾何、微積分，學物理、機械學，學平面和球面三角，學地理、天文、航海。

船政大臣沈葆楨稱此為「以中國之心通外國之技巧」。同時他嚴辭告誡，決不可「以外國之習氣變中國之性情」。因此，每當課間休息，學舍中就傳來孩子們背誦《孝經》和《聖諭廣訓》的聲音——

> 古者有家有塾，黨有庠，州有序，國有學。……務令以孝悌為本，才能為末。器識為先，文藝為後……在野不愧名儒者，在國即為良臣！

這聲音很難使人相信，中國軍事史的一個極其重要的轉折，就從這裏開始。

在福建船政學堂由城內遷至馬尾後的一八七六年，一艘英國戰艦「田鳧號」來華，曾訪問福州。海軍官壽爾（H.N. Shore）在回國後，發表了《田鳧號航行記》（*The Flight of the Lapwing*）一文。其中一節，記錄了當時福州駐軍一支據說是由歐洲教官訓練的「洋操隊」的操練情景。那情景，是和船政學堂孩子們的生活相映成趣的。

> ……
>
> 操演開始了。你應該立即拋棄你腦子裏關於閱兵的一切先有的思想。這位將軍只是一位儀表平凡的中國人，舒服地坐在棚子底下，在整個閱兵過程中全都有煙、茶的款待。同時，操演主要的特點是完全缺乏戰事的壯觀與威儀。如果站在遠距離外能使所觀看的景色更加媚人的話，這位軍官一定甚為操演所迷醉，因為操演的地點極為遙遠，他幾乎不可能猜得出士兵們是在做些甚麼。首先操

▲ 在這張馬尾船政學堂的模糊的照片中，遠處的羅星塔依稀可見。

演的是「執槍教練」，這部分做得很踏實，只有一件做得不好的例外，就是「舉槍敬禮」。關於這項目，士兵們似乎失掉了信心，每個兵士都伸出脖子看看他旁邊的兵士如何做法。這裏一件使我驚奇的事是：當士兵們裝火藥時，為使火藥踏實，他們總願意把槍頭使勁地往地下撞打，他們認為這是個好辦法。奇怪的是，軍官在這種情形發生時，便靈活地逃開，有意不加干涉。此外，軍官們的外觀是很不莊嚴而又滑稽的，因為當他們跑的時候，他們的手必定要提着他們的「裙子」，和女子提起長衫一樣。……當軍士的精神顯出弛垂不振的時候，放幾排槍馬上使他們的軍事熱忱重新提高到適當的高度。有一位權威人士告訴我，這些軍隊有一個奇怪不可解的習慣，就是當他們發槍時，他們使臉背着他們所要射擊的方向。……約一小時演習之後，軍隊排成直行前進，旗幟飄揚，到檢閱台的地方停住，他們舉槍致敬。這時一位本地校官——一位穿着「裙子」的無足輕重的人物——上前去，作出卑屈的姿態，嘶聲喊叫了一些話，說他和其他弟兄戰士是巡撫大人的極卑賤的僕人；對這個可羨慕的、愛國的感情，全軍隊高聲呼喊，表示同意。這個「娛樂會」就這樣適當地結束。[9]

當福州出現這支「洋操隊」的時候，馬尾年幼的孩子們穿着清朝軍隊的制式絨靴，登上了屬於他們的訓練艦「揚武」號。這艦上有一位管轄他們的年邁的提督，據說是長江水師的老將，曾和海賊英勇格鬥。他總把自己關閉在船中央一間熏得很香的小艙裏，對着海神娘娘的神龕默思。

孩子們十分崇敬他們的英國老師嘉樂爾（J. Carroll）。當他們離開學堂、即將駕船遠航時，曾聯名用英文寫了一封動情的信給嘉樂爾「夫子教席」，信在絲絹上用彩飾寫成：

James Carroll 夫子教席：

惟同治五年，閩浙總督大人左奏請設船政局，以為強國之一法。……迄今五載了，生等已修完了功課，即將航海，一試本領。在離去之先，我們——您的忠實的學生——對於您的照顧及不倦的訓誨，表示感激之忱。我們和您的心彷彿已縫綴在一起，我們覺得不能離開您……

西方國家教育原理，源自希臘，希臘人的這些原理是從中國輸入的。古時中國對於禮、智的原則曾適中運用，但極不注意西方國家所高度推崇的實用原則。

唐時，在此方面曾粗粗地作些嘗試，但沒有大的成功。至明末萬曆時，有名叫利瑪竇的人初次把天文和算學介紹給中國。南懷仁、艾雅各也是歐洲人，明白地講解這些科目，所以沒有人不知道西方的國家擁有這些原理。但是沒有人把這些東西傳給後世。

我們的老師嘉樂爾先生掌握了這些基礎原理，來自遠方，宏宣教化，講授天文、地理、算學等科，勝任愉快……

從今而後，我們要去對付颶風，控制狂浪，窺測日星的行動，了解暴風的規律，勘察海島，調查岩石的性質。

我們從老師所學習到的一切，在日後生活的經驗中，將被證實為真確。這樣，最可怕的困難成

▲「揚武」號軍艦上生氣勃勃的中國海軍官兵。這張照片刊登在一九七四年的西方報刊上。

9 壽爾：《田鳧號航行記》，收入《洋務運動》叢刊（八）。

為平易，最險惡的情況成為靜謐。……我們和您分別，雖覺難過，但我們為政府服務之心甚切……我們的離去，將為您所喜悅與讚許。生等對於您從前的話，將永遠牢記，作為我們感恩的表示。

您忠實的學生（二十三名簽字）[10]

嘉樂爾讚歎：「這些年輕人的資質和勤勉的結果，應該對他們的同胞的冷淡態度起到酵母般的影響……。」

台灣海峽涼爽的海風裏，鷗鳥翻飛，追逐着桅影。南中國海島嶼縈迴，碧波盪漾。第一次遠航乘坐的是練船「建威」，遊歷香港——新加坡——檳榔嶼，歷時七十五天。這是孩子們翹盼已久的航行。出發時，洋教習還手把手教他們駕駛，教他們記航海日誌；返航時，軍艦竟已交給了他們，「各童自行輪班駕駛」，洋教習每日將學生所做的日誌和自己的加以勘對。學生興奮而又緊張地駕駛着這艘日爾曼帆船，在沙線交錯的洋面上小心翼翼地曲折而進。這可以看作中國近代海軍一次意義深遠的處女航。就在這隻練船上，同舟共濟的「練童」中，有未來北洋海軍左翼總兵林泰曾，右翼總兵劉步蟾，巡洋艦艦長葉祖珪、林永升、方伯謙，天津水師學堂總教習嚴復。[11]

汽笛長鳴……濃煙滾滾……白色的航跡由中國領海快樂地向外伸延。

「揚武」遠航日本。引起了日本國民的駭異和豔羨。

「揚武」遠航南洋諸島。數萬華僑歡呼落淚，稱作「百年未有之光榮」！

「濟安」炮艦出發了——這是一次更為遙遠的航行；在李鴻章、沈葆楨的積極倡言和安排下，一批孩子將去香港換乘郵輪赴歐留學。這是一八七七年。這一年，愛迪生發明了留聲機。

泰晤士河南岸。格林威治。

英國皇家海軍學院。

▲ 在英國格林威治皇家海軍學院留學的中國海軍學生：前排坐者左七為嚴復，左八為葉祖珪；第二排右二為方伯謙；第三排左八為薩鎮冰；第四排左五為何心川；後排右二為林永升。

那座帕拉蒂奧風格的建築，是十七世紀的皇宮。舊日的皇宮，如今是世界海軍的聖殿。船史陳列室裏的模型鐵艦、三桅帆艦，以至古老的單層甲板木船，濃縮了人類征服海洋的歷史。迴廊的牆上懸掛着一幅幅歷代海軍名將的畫像，有十多幅巨幅油畫描繪名將納爾遜（Horatio Nelson）的戰績。正是他，一八〇五年率艦在特拉法加角海戰中擊敗法西聯合艦隊，使英國開始了對海洋長達一世紀的稱雄。

納爾遜成為中國留學生的偶像，來自中國的年輕人不止一次憑弔已闢為水上博物館的納爾遜座艦「勝利」號。這種崇拜延續到十多年後，以至甲午戰爭中，那位「用手槍從口內自擊而死」、壯烈殉國的「鎮遠」艦代理艦長楊用霖，有「亞洲納爾遜」之譽。

中國海軍未來的艦長們就在這充滿神聖感和貴族氣息的皇宮裏學習鐵甲艦駕駛；學習戰役戰術；還學會了打柎球，像個真正的英國紳士。

不過，差距依然明顯。一天，英國老師令各國留學生學挖工事，「人執一鋤，排列以進」，挖一個能

10 《洋務運動》叢刊（八），頁三八五—三八八。

11 《中國近代學制史料》，卷一，上冊，頁四四八。

▲ 中國海軍留學生劉步蟾、林永升等曾登臨實習的「『馬那杜』軍艦」（陳悅提供）。

屏身自蔽的掩體。一小時後，老師率先挖成，而中國留學生只幹了不到他的一小半，個個面色煞白，「精力已衰竭矣」。

嚴復說：西方人的體質大大強於中國人，這是多少年的習慣造成的！

樸茨茅斯海口旗旗招展，鼓樂齊鳴。在女皇檢閱海軍的盛典上，中國留學生興沖沖地跑前跑後，為中國公使當嚮導做翻譯。他們最喜愛那位思想開明的中國第一任駐英公使郭嵩燾，常聚會在郭公館裏，滔滔不絕地給老夫子啟蒙：關於牛頓、關於貿易風、關於「聲光電」、關於衛生和體育……

有時，他們甚至「放肆」地議論起古老祖國的社會弊病，兩代人都激動地認為「中國切要之義有三：一曰除忌諱，二曰便人情，三曰專趨向」！[12]

英國鐵甲艦上出現了全身英國海軍裝束，惟獨頭上還盤根長辮的軍官。當時有相當數量的軍艦接受了中國實習生：「馬那杜」（Minotaur）、「士班登」（Spartan）、「愛倫求克」（Iron Duke）、「英芬昔孛爾」（Invincble）、「菩提西河」（Boadicea）……來自馬尾的中國孩子，出現在非洲西海岸、美洲東海岸、印度洋、大西洋、地中海……

一八八一年八月，兩艘龍旗高懸的巡洋艦出現在大西洋通往直布羅陀海峽的航道上，他們是清朝政府向英國定購的「超勇」、「揚威」。率隊接船的人是日後的北洋海軍提督丁汝昌，駕船的人是船政學堂畢業生鄧世昌和林泰曾。龍旗在海風中驕傲地飄舞。這是中國歷史上前所未有的由中國人自己駕船進行的最長距離的航行，它使人想起遙遠的鄭和船隊和逝去已久的榮光。威武的戰艦駛過地中海，駛過剛剛開通才十二年的蘇伊士運河，駛過紅海、亞丁灣，駛過馬六甲海峽，駛向那片不甘沉淪的古老國土。

（十三年後，「超勇」、「揚威」在甲午黃海大戰中最先被日本軍艦擊中起火。「超勇」首先沉沒。）

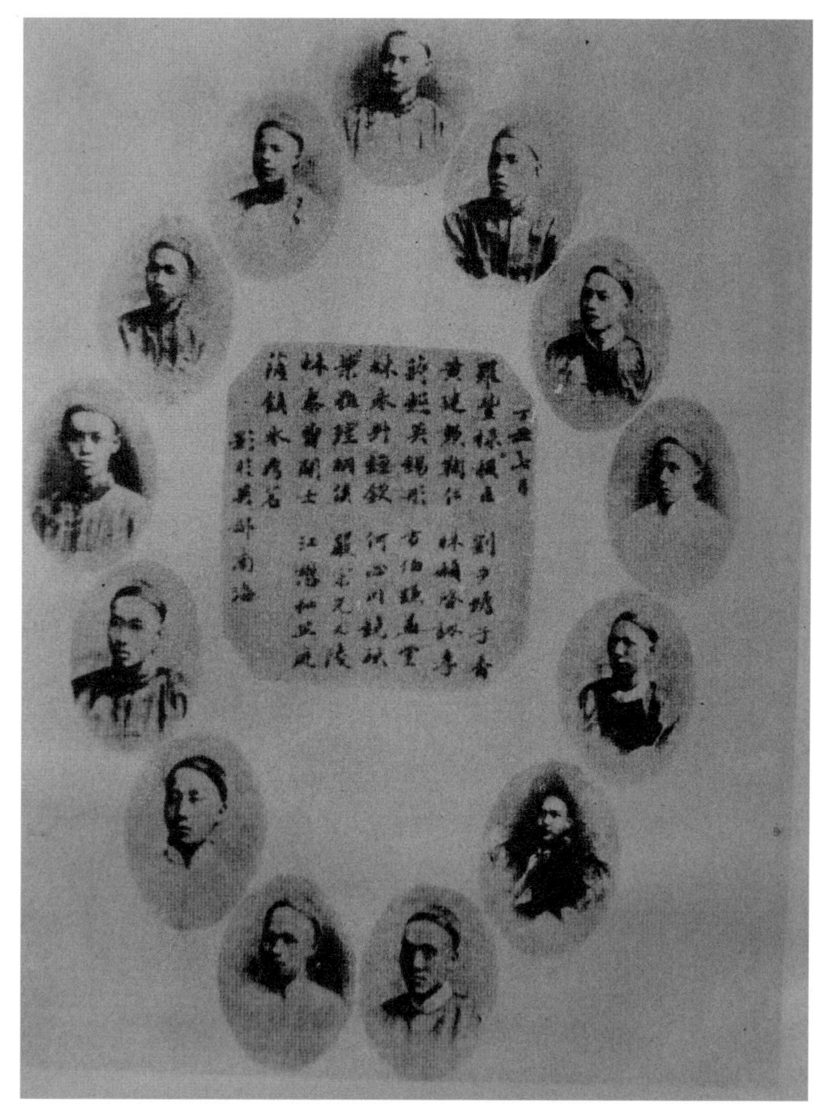

▲ 中國第一批赴歐洲學習海軍的留學生，攝於一八七七年。林穎啟（上中）、羅豐祿（右一）、黃建勳（左一）、嚴宗光（右二）、林永升（左二）、林泰曾（右三）、薩鎮冰（左三）、方伯謙（右四）、何心川（左四）、劉步蟾（右五）、葉祖珪（左五）、蔣超英（右六）、江懋祉（左六）。

12 郭嵩燾：《倫敦與巴黎日記》（長沙：岳麓書社，一九八四年）有多處關於中國海軍留學生的生動記載。

海防大籌議

這場中國近代史上有名的論爭，和中國歷史上許多與變革有關的論爭一樣，注定要經歷一個極類似的過程：由外患引起「避害反應」，由「避害反應」導致內部矛盾激化。

一八七四年，發生在台灣恆春北邊石門山谷的一個小戰役，徹底改變了中日數千年來的「華夷秩序」，使日本人一躍加入了列強的陣容，埋下日後侵略瓜分中國的伏筆。這一史稱「日本侵台」的事件，稱得上二十年後中國甲午大劫難的一個凶兆。

事端的引子在三年前。一八七一年冬天，一批琉球人航行遭遇暴風雨，飄流到台灣東南八瑤灣港附近，上岸後，有五十四人被原住民殺害。琉球當時為中日兩國共同屬國，琉球從一三七二年起承認中國的宗主權，從一六〇九年起也向日本薩摩藩進貢。這一事件給了覬覦台灣已久的日本一個起事的藉口。日本外務省稱：「此番機會乃日本張威於亞細亞之良機」，「且與台灣交戰乃為實地鍛煉我國兵卒」，「皇國沉浮在此一舉，今後皇威不僅在亞細亞，且將輝耀於萬國……」[13]

這一戰事的戲劇性在於：侵略者和被侵略者，當時在近代世界的強弱格局上均屬後者。明治維新成功剛剛五年的日本，此時不顧國力虛弱，用從幕府和各藩接收的八艘舊船去打中國。

一八七四年五月，日軍三千六百人去「處分」台灣原住民。戰爭二十日內結束。雙方各死不到二十人。但日本人正準備屯田久住時，時疫流行，竟有五六百名日本兵死於疾病。

李鴻章當時持強硬態度，他在給沈葆楨的信中說，對這種侵略行徑如「初難禁止」，則日後中國屬地將被「大肆蠶食」，「其若之何」！他以近年來與日本人打交道的經驗，指出日本人外貌恭敬，而性情狡詐，變幻百端。「彼既興師登岸，其辦法亦不外諭以情理，示以兵威二語……」

一八七四年九月一日，日本全權大使大久保利通前來談判，抵天津，得知李鴻章的強硬態度，遂不見

▲ 作為思想開明的王大臣，恭親王奕訢在中國走向開放的轉折點上起了不可磨滅的作用。

李，而徑赴京城，與恭親王奕訢直接談判。

清政府對這次出兵先是消息閉塞，懵懂無知；繼而手足無措，緊急戰備。最後的結局，被中國的「戰備」嚇住的日本，以索款作台階，準備撤兵；而心底虛弱的大清帝國，竟也急急忙忙花錢送瘟神，搭上了五十萬兩銀子。

這五十萬，十萬是對遇難琉球人的撫恤，四十萬用以購買日本人在台灣遺留下的房屋和道路。

當時旅居中國的一位英國《泰晤士報》記者評論道：「台灣事件的處理等於向全世界宣告：這裏有一個富饒的帝國，它將隨時自動地給你支付賠款而絕不進行戰爭。支那的命運的確是結束了。」與日本專使簽訂《台事專約》，是恭親王奕訢之過。其嚴重性不在「五十萬兩」，而在於賠款給日本撫恤琉球人，等於向日本讓出了琉球。李鴻章對談判結局不滿，認為：「稍損國體，漸長寇志。」

這場「戰爭」就其規模和二十年後那場血流成河的大決戰根本不可同日而語，然而它在中國近代史上舉足輕重。八艘日本舊船，給了中國一個如雷貫耳的警告：「蕞爾日本略效西人皮毛，亦敢睥睨上國。」堂堂大清帝國慌亂了。

台灣戰事剛剛平息，恭親王奕訢立刻奏請整頓海防。他痛言道，第二次鴉片戰爭以來，「人人有自強之心，亦人人有自強之言，而迄今仍並無自強之實」。經他奏准，同治帝飭令十五個省份的總督、巡撫，速就購艦、造船、用人、籌款等海防急辦事宜「悉心籌議」，「限於一月內覆奏」，「不得以空言塞責」！

中國近代關於海防建設的一次著名大論爭——一八七四年年底的「海防大籌議」，因危機逼人而緊急展開。它實際上是關於中國改革的一次規模空前的論爭。

13 天下編著：《發現台灣》（台北：天下雜誌，一九九二年），頁一七七。

一個月內奏摺如雲。[14]

浙江巡撫楊昌濬奏：「日本以貧小之國，方且不惜重貲，力師西法，豈堂堂中夏？」「必須擴充輪船，購置鐵甲」，不可「因循坐誤，以受制於人」。

代理湖廣總督李瀚章奏：「鐵甲船為屏蔽全軍、衝擊敵軍之具，亦屬萬不可少。」

兩江總督李宗羲奏：「外國造成一船，皆以自備戰守，其損壞不堪用者，乃以售之中國」，建議不要輕易購買鐵甲艦。

安徽巡撫裕祿奏：「合上下游之力固長江，則財力易集；合長江之力以防海口，則事機易赴。」從他的轄區出發，力主擴充江防。

福建巡撫王凱泰奏：「洋人議論，謂中國人無定見，又無恆心……」提醒不可用此類人物。

山東巡撫丁寶楨奏：「海疆之事，能守即為能戰。」這一觀點延續了魏源在《海國圖志》中提出的「守外洋不如守海口」的思想。

閩浙總督李鶴年奏：「請飭下南北洋大臣督辦海防以事重權。」

正負責西北邊塞防務的陝甘總督左宗棠，支持大辦海防，同時又擔心「扶起東邊倒卻西邊」，海防會使他西征的兵餉減少。

江西巡撫劉坤一向皇上推薦普魯士軍官希理哈的著作《海防新論》（剛剛由江南製造局譯出），稱「采擇是書」，「不無裨益」。

湖南巡撫王文韶奏：「天下事有本有末，而本之中又有本」，他認為海防問題「至其大本，則尤在我皇上之一心」。他要求皇上「以雪恥復仇為繼志，清心寡慾，節用謹身」。

這些封疆大吏，他們所擔負的實責，使他們易於變通與務實，從而趨向於興革之事。然而他們又各懷心思，希望在變革中使自己獲更大的利益。在這一片議論聲中，直隸總督兼北洋大臣李鴻章一八七四年十二月十二日的奏摺最為引人注目。他看到的不僅是日本，而是世界——那個在兩次鴉片戰爭以來對中國變得日益嚴酷無情的世界：

歷代備邊，多在西北。其強弱之勢、主客之形，皆適相埒，且猶有中外界限。今則東南海疆萬餘里，各國通商傳教，來往自如，麇集京師及各省腹地，陽託和好之名，陰懷吞噬之計，一國生事，數國構煽，實為數千年未有之變局！輪船電報之速，瞬息千里；軍器機器之精，工力百倍；炮彈所到，無堅不摧；水陸關隘，不足限制，又實為數千年未有之強敵！

李鴻章指出處理國際關係最根本的是要依憑實力：

……洋人論勢不論理，彼以兵勢相壓，我第欲以筆舌勝之，此必不得之數也。

他堅決擁護恭親王關於緊急整頓海防的主張，認為不可一日延緩，同時一矢中的地指出中國軍事改革的癥結是：

……人才之難得，經費之難籌，畛域之難化，故習之難除。

▲ 海防籌議的軒然大波把李鴻章推上了時代的浪尖

14 《籌辦夷務始末（同治朝）》，卷九十九、一百。

李鴻章認為，如再因循下去，所謂海防只能是畫餅充飢。所以今日所急，惟在力破成見以求實際。他說：

……外患之乘，變幻如此，而我猶欲以成法制之。譬如醫者療疾，不問何症，概投之以古方，誠未見其效也。

李鴻章提出六條建議：

一、選汰陸軍，改為洋槍洋炮，改練洋操。

二、添購機器，仿造槍炮水雷。

三、定造鐵甲艦，裁撤舊船。

四、暫棄新疆，嚴守邊界，以停撤之餉，均做海防用（這一條後來被認為是李鴻章賣國的證據），並撥海關洋稅，興利開礦。暫弛鴉片之禁，加重洋藥稅釐。

五、變通考試，專開洋務一科取士。海防省份應設洋學局。

六、堅持必辦洋務，於洋務開用人之途，使人才漸進。

李鴻章向皇上慷慨陳言：

……總之，居今日而欲整頓海防，捨變法與用人，別無下手之方。伏願我皇上顧念社稷民生之重，時勢艱危之極，常存欲然不自足之懷，節省冗費，講求軍實，造就人才……使天下有志之士無不明於洋務，庶練兵製器各事可期逐漸精強……[15]

李鴻章這篇奏摺，可視為中國近代一份旗幟鮮明的改革宣言書。他是從實用的角度即國防危機提出命題的，然而它的意義無疑超越了軍事範疇。李氏對於「變局」與「強敵」的著名論斷，代表了近代中國士大夫對於時代激變的前所未有的清醒認識。而且不管他本人有甚麼樣的歷史局限，他所置身其中的軍事改革一旦啟動，軍事近代化的規律之輪就必然要拉着他走出更遠。「開礦興利」在中國經濟史上意味着甚麼?「變通考試」在中國政治史上意味着甚麼?數十年後，戊戌變法遭到失敗後的梁啟超，在重讀這篇「其言沉痛」的奏摺時，還「淚涔涔其承睫焉」。他說:「李鴻章固知今日為三千年一大變局，固知古方不可醫新症，固知非變法維新，則戰守皆不足恃……。」也正是由於這一本質的原因，海防籌議進入「廷議」後必然要引起軒然大波。

「廷議」，就是由各親王、郡王、大學士、六部、九卿……這些朝廷重臣，一起討論來自各地的數十件奏稿。一八七五年仲春的那些日子，這些對海軍海防昏昏無知卻又儼然主宰的高層人物，每日悠閒地踱到內閣政事堂，正襟危坐地審閱奏摺。他們每人都握有否決權，都精於把關之道。沉悶的廳堂裏，偶爾可以聽見禮親王世鐸在說:「鐵甲船太笨重，不能入口收泊。」或是醇親王奕譞的聲音:「……花費太大，不可輕於一試……。」

兩年前，一八七二年一月，內閣學士宋晉曾上奏，認為船政經費已撥四五百萬兩，未免糜費太重，請將滬、閩兩地造船暫行停止，引起曾國藩、左宗棠、沈葆楨、李鴻章羣起反駁。李鴻章說:「士大夫囿於章句之學而昧於數千年來一大變局，狃於目前苟安而遂忘二三十年之何以創巨而痛深，後千百年何以安內而制外，此停議輪船之議所由起也;臣愚以為國家諸費皆可省，惟養兵設防、練習槍炮、製造兵輪船之費萬不可省。」又說:「法待人而後行，事因時而變通。若徒墨守舊章，拘牽浮議，則為之而必不成，成之

15 李鴻章:《籌議海防摺》，收入吳汝綸編:《李鴻章全集·奏稿》(清光緒三十三年金陵刻本)，卷二十四，頁一。

而必不久，坐讓洋人專利於中土，後患將何所底耶！」[16]

這次「海防大籌議」，對海軍建設最激烈的抨擊，出自通政使于凌辰和大理寺卿王家璧。他們寫給皇上的奏摺把矛頭直指李鴻章。

關於海防，此二人頗似「不知有漢，無論魏晉」，其落伍與聾瞽令人啼笑皆非。于凌辰提出：「修我陸戰之備，不必爭利海中也」，「固我士卒之心，結以忠義，不必洋人機巧也」，「不可購買洋器洋船，為敵人所餌取。又不可仿造製造，暗銷我中國有數之帑項，擲之海洋也」。王家璧稱：「本朝以弓馬開基，文德武功，豈可全忘？」他認為敵人軍艦闖入長江內河本無須過慮，「敵艦出江口，處處有磯石，遇磯石則磕損，遇洲灘則擱淺……」。

真正「擊中」李鴻章「要害」的，是指責李鴻章企圖變法，「用夷變夏」，從道德人心這個根基上動搖國家民族：

> 李鴻章復請各督撫設立洋學局，並議另立洋務進取路，至謂捨變法用人斷無下手處。是古聖賢所謂用夏變夷者，李鴻章、丁日昌直欲不用夷變夏不止！臣惟海防乃大局攸關，始基一誤，萬事瓦裂。人才是今日做事根本，如李鴻章、丁日昌講求洋學，實愈加敗壞，尚何人才可言？……洋人之所長在機器，中國之所貴在人心。……竊恐天下皆將謂國家以禮義廉恥為無用，以洋學為難能，其從而習之者必皆無恥之人，洋器雖精，誰與國家共緩急哉！寡廉鮮恥之徒日以多，正人君子日以少。[17]

在中國歷史上，不乏此類目光銳利、嗅覺靈敏的衞道士。他們似乎比一切人都更加熱愛這個民族和這個國家，向一切企圖「用夷變夏」的人發出義正辭嚴的警告。

就在海防大籌議期間，中國政治舞台發生重要事件。

李鴻章奉命呈奏的六天後，同治皇帝已病重不能視事，由慈禧批覽裁定內外陳奏事件。

再二十二天（一八七五年一月九日），李鴻章被授予文華殿大學士。文華殿大學士居大學士之首，李鴻章以漢人而居首席閣揆，前所未見。與此同時，文祥被授予武英殿大學士、寶鋆為體仁閣大學士。此三人均屬恭親王奕訢的「洋務」陣營。這是恭親王地位鞏固的標誌。

奕訢是道光皇帝第六子，就才幹與識見而言，遠在其四兄咸豐皇帝奕詝之上。咸豐死後，他和兩位太后聯手發動北京政變，剪除肅順等「八顧命」大臣，擁戴慈禧垂簾聽政。奕訢出任「議政王」和首席軍機大臣，對內實行了一條沒有肅順的肅順路線，起用曾國藩等漢族實力派官員，平定太平天國起事，對外力保和局，漸啟國門，成為洋務運動和創辦近代海軍的首腦人物。

▲ 英國畫家筆下的總理衙門會議

奕訢地位的鞏固和李鴻章地位的迅速上升，其原因大可深究。從尚未透徹挖掘的有限史料中，人們至少可以判斷，這是一種深刻的政治交換——慈禧在同治病危之時，為她自己的「下一步」所做的安排。

慈禧此刻，比任何時候都更需要實力派重臣的「默認」，而更懼怕他們的挑戰。在中國歷史上，權力的歸屬，從來是比「變革」或「保守」之類的旗號更生死攸關的問題。

一八七五年一月十二日，剛剛親政不久的十九歲的同治皇帝患「天花」而死。四十歲的慈禧立醇親王之子載湉為光緒帝，開始第二次垂簾聽政。

16 《李鴻章全集．奏稿》，卷十九，頁四十五。

17 《洋務運動》叢刊（一）（上海：上海人民出版社，一九六一年），頁一二〇。

同治死訊傳出，李鴻章遣淮軍健兒星夜赴京，並親自去「叩謁梓宮」，受到西太后三次召見。據李稱，「太后悲傷迫切之中，大有勵精圖治之意」。

這種情緒顯然對洋務派有利。當海防大籌議進入到「決議」階段時，恭親王奕訢站出來保護了李鴻章，提出對于凌辰、王家璧等人的激烈抨擊「勿庸置議」。權力是改革中最重要的槓桿。恭親王趁風揚帆，不失時機地於一八七五年五月三十日奏請西太后批准了他的海防建設方案。其中最重要的決策有：購買一二艘鐵甲艦；試開煤礦；着李鴻章、沈葆楨分別督辦北洋、南洋海防事宜，並先在北洋創立水師一軍，俟力漸充，就一化三，擇要分佈。[18]

海防大籌議的軒然大波把李鴻章推上了時代的浪尖。

和太平軍作戰的一八六二年春，李鴻章率領七千名剛剛募齊的「淮勇」，搭乘

▲ 李鴻章率領的淮軍進入上海（陳悅提供）

外國人的輪船，從安慶趕赴上海增援。他的隊伍實在是過於寒傖和醜陋了。士兵穿着布袋式的肥褲，色彩雜亂的戰襖，胸前有個類似箭靶的圓心，頭裹布巾或戴斗笠。武器是大抬槍、火繩槍、弓箭，人人還有一把傘、一把扇。

洋人們紛紛嘲笑這羣蒙昧之衆。

李鴻章向官兵訓話：「軍貴能戰，不是只擺樣子好看的。待咱們戰場上一試，再笑也不晚！」[19]

這個三十九歲的瘦高合肥人，把自己也當成了到功名場上去搏殺一試的賭注。少年時代，他的家族並不顯赫富有，曾祖父和祖父都只有靠捐資獲得的低級功名。李鴻章十五歲那年，父親李文安考中進士成為京官。這條傳統的「學而優則仕」的個人進身之路，也是命運對他的必然安排：二十一歲，他中舉人；二十四歲，他中進士，被選派為翰林院庶吉士；二十八歲，正式擢升為翰林院編修。這是中國士子中極為幸運的範例，然而，這個「落筆藻采紛批」的八股名家，卻在十餘年中懷才不遇。是曾國藩把這個充當幕僚的弟子推上了政治舞台，使他在圍剿太平天國和捻軍的南征北戰中為清廷立下汗馬功勞，成為「中興名將」。他統率的淮軍取代湘軍成為中國最善戰的軍隊，他本人也逐漸取代了曾國藩的政治地位，從江蘇巡撫而官至兩江總督、直隸總督兼北洋通商大臣。最重要的是，他成為近代中國洋務派的領袖之一。

率淮軍剛到上海時，有外國人說，李鴻章在此之前見過的最複雜的機器，大概是稻田裏的水車。但李鴻章親眼目睹了洋槍隊和太平軍的作戰後，便很快歎服西洋槍炮和戰術「真神技也」。一八六三年二月二日，他在向曾國藩報告參觀英、法軍艦的感受時說：「其大炮之精純，子藥之精巧，器械之鮮明，隊伍之雄整，實非中國所能及。」他「日誡諭將士，虛心忍辱，學得西人一二秘法，期有增益」。[20] 沒出多久，

18《洋務運動》叢刊（一），頁一四六。
19 趙爾巽等撰：《清史稿》（北京：中華書局，一九七七年），卷四百一十一。
20《李鴻章全集．朋僚函稿》，卷二，頁四十八；卷三，頁十六——十七。

李鴻章已經站在他創辦的兵工廠的「鑄炮之器」邊，得意地望着熊熊爐火，看「機器車刮旋挖」，使一門新造的開花田雞炮「外光如鏡，內滑如脂」。

「以夷制夷」的道理被那時的李鴻章表述得乾脆明瞭，他在給曾國藩的信中說：「中國但有開花大炮、輪船兩樣，西人即可斂手！」

李鴻章的淮軍到上海不久就採用西式武器和西法操練，在洋教習的命令下，部隊的口令一律採取英語——來自鄉間的士兵記住的是中國式的「音譯」，如「前進」（forward march），在中國指揮官口中是「發威馬齊」！[21]

從驚歎外國槍炮「真神技也」，到直言不諱地倡言學習西法，並不遺餘力推行「變通」，李鴻章「一試」，叫多少人瞠目結舌。

李鴻章自稱「謗滿天下」。他是于凌辰、王家璧一類人物眼中的叛逆，「媚夷」的漢奸，敗壞世風的首惡。「任他危疑震撼，老僧不見不聞」，李鴻章卻我行我素，志在必行。

一八七一年六月二十六日，李鴻章和曾國藩聯名致函總理各國事務衙門，提出選派幼童赴美國學習，「以收自強久大之效」。一年後，第一批三十名幼童由

▲ 中國最早的「洋槍隊」（陳悦提供）

陳蘭彬、容閎帶領由上海啟程去美國。在先後赴美的幼童中，有後來成為著名鐵路工程師的詹天佑、清朝外務大臣梁敦彥、民國總理唐紹儀等。

一八七三年，日、俄、美、英、法、荷等國公使要求覲見同治皇帝，台諫紛紛陳奏，強令行中國跪拜之禮，李鴻章認為「拒而不見，似於情未洽；糾以跪拜，又似所見不廣。第取其敬有餘，當恕其禮不足」。於是皇帝依李鴻章之議，首開「不跪之臣」之例。

一八七六年，李鴻章把七名「乾淨體面」、攜帶着「乾淨衣褲和可用三年的筆墨硯台」的年輕人送上了去德國的輪船——這是中國近代史上第一批去歐洲學習陸軍的「武弁」。

再過一年，馬尾的海軍學生在李鴻章的安排下遠赴英倫。

中國士大夫階層中有兩類人。一類人，食古不化，抱殘守缺，高談誤國，每每以正統衞道士自居。另一類，重經世致用之學，標榜「以天下為己任」，有強烈的事功慾望。清初的黃宗羲、顧炎武、王夫之，後來的龔自珍、林則徐、魏源和李鴻章等都是後一類人。他們從中國傳統文化中為自己找到的理論根據，是《易經》中的「窮則變，變則通，通則久」（《易經．繫辭下》），「天行健，君子以自強不息」（《易經．乾象下》）。

李鴻章被認為是受曾國藩影響最大的人。他是曾國藩培養的最合格的「篤實踐履之士」。

李鴻章的信條是「求是求實」。他絕少書生氣，把「實用」的原則永遠看得比繁文縟節清規戒律重要。他曾在蘇州以「鴻門宴」之計誅殺太平天國的八個降將，為了自身的安全而毫不顧及聲譽。幫他作戰的外國軍官也是他「實用」的工具，曾國藩稱他「駕馭洋將，擒縱在手，有鞭撻龍蛇，視若嬰兒之風」。

重實用的人易變通。

21 劉廣京等編，陳絳譯：《李鴻章評傳》（上海：上海古籍出版社，一九九五年），頁四十一。

在祖宗之法和虛禮空論窒息生機的中國，實用主義常常是改革的先導。現在李鴻章已真正是一個合乎潮流的洋務大臣了。出門去會見外國人，有小隊兵百名為之前導，一個個身穿灰呢窄袖衣，肩荷洋槍，步履齊整。來到洋員住處前，李鴻章便探懷取出金絲眼鏡，把戴着的大墨鏡換下。22

李鴻章努力學習那些陌生的西方禮儀。他第一次宴請各國使節，是一八七六年夏天在海濱勝地煙台。這次宴會的「程式」用公文的形式保留下來，作為日後的參考：

一、客至先請靜室少坐；

二、諸客已齊中堂引首座詣席，他客人即依次坐；

三、用湯上菜閒談；

四、菜後點心；

五、點心既撤，席上只有水果，合座斟滿高爵香餅（香檳）酒。中堂起立舉爵云，今日不期而遇，七大國各位公使大臣齊集煙台，極一時之盛會，但願此後永敦和好中外相安云云。各人各飲。是時首座者答中堂云云，如有頌揚中堂語意則不飲以示謙遜之意；旋答以數語，如有慶我朝等語或論有關大局者則飲……

從主持洋務之日起，李鴻章就堅持用一種具有震懾力的態度對待外國人。外國人把他看作雄才大略的政治家，認為「他這種儀表魁梧和善於辭令，往往使世人產生敬仰畏服之念」。

有人曾在總理各國事務衙門見到這樣一幕：一天，有三個洋人和中國官僚辦理交涉。洋人滔滔不絕，言辭淩厲；華官聲細如蠅，窘汗滿面。旋有王爺到，洋人傲岸如故，王爺恭順地含笑以聽。正於此時，呼報「李中堂到」！先有一侍從挾着一個衣包進來，李鴻章隨之入門。他身長鶴立，顧盼生威，三個洋人起身鞠躬，李鴻章不經意地把手一揮，讓其還座，隨即放言高論，手講指畫。他一邊在說，兩個侍從一邊給他解袍更衣，氣度不凡，神態威嚴，使洋人如聆訓示。洋人的態度立時收斂，屋內雙方態勢為之一變。[23]

事情似乎就是這樣矛盾：既要摒棄自大，又要不失傲然，既要用人之長，又要為我所用，既要隨宜變通，又要謹防真的「以夷變夏」……中國多少年裏就在這「既要……又要……」的蹺蹺板上猶豫斟酌。

日後甲午戰敗，李鴻章代表清廷與日本簽訂喪權辱國的《馬關條約》，向日本賠償白銀二億兩，給後世留下的卻是奴顏婢膝的賣國形象。

22 《南亭筆記》，卷九，頁二。

23 吳永：《庚子西狩叢談》（台北：文海出版社，一九六六年）。作者曾為李鴻章幕僚，是書有多處對李鴻章形象的生動描寫。

鐵甲艦

在那個年代談論鐵甲艦，就像中國人在二十世紀末談論「航母」。

一八七五年，當李鴻章開始督辦北洋海防事務着手北洋海軍建設時，他實際上已經擔起了遠非他個人的力量所能承擔的重責。如果說，在派遣軍事留學生、興辦煤礦等方面頭二年的政績尚差強人意，那麼，在新式海軍最根本的問題——裝備發展即軍艦購造上，開始就亂無章法，陷入窘境。

先是購進了一批頗遭非議的「蚊子船」。動議出自海關總稅務司赫德。恭親王奕訢和李鴻章信賴地聽他介紹了一種「倫道爾」式炮艇：四百噸小小船身，竟配有據稱「能破鐵甲」的大炮。花錢不多就能買這樣的近岸防禦「利器」，李鴻章當然喜出望外。但當命名為「龍驤」、「虎威」、「飛霆」、「策電」的幾艘「蚊子船」來華一段時間後，李鴻章就產生了悔意。這種短而寬的模樣奇特的炮艇，穩定性好，阻力卻很大，排水量小，火力的確強（裝有被《泰晤士報》稱為「英國海軍目前所擁有的最恐怖的」前膛巨炮）。由於炮身不能轉動，射擊時靠高速艇身來瞄準目標。國外設計這種炮艇的目的，是作為「水上炮台」，在港口防禦時和陸路炮台交相呼應，擊退來犯的鐵甲艦。這種「蚊子船」在分工精細的西方艦隊中有其意義，成為中國海軍的主戰艦隻卻有幾分荒唐：它根本不能出遠海作戰。

李鴻章有愛艦之心，有加速海防建設之志，有少花銀子多辦事之意，獨獨提不出完整的目標和計劃。他走一步看一步，又一次對赫德的新建議言聽計從，訂購了據稱「可保追趕碰壞極好的鐵甲船」的一對「碰快船」，名為「超勇」、「揚威」。

也就在同時，購買鐵甲艦的呼聲越來越高。

在一八七四年「海防大籌議」中，「購鐵甲」就是爭論的焦點之一。李鴻章本人主張「定造鐵甲艦」，最後經慈禧太后批准的海防建設方案也確實要購買一二艘鐵甲艦。然而，「海軍」、「海防」在李鴻章的眼

▲ 一八七八年拍攝這張照片時，李鴻章對鐵甲艦的重要性已開始有清醒的認識。

▲ 赫德，一個充滿爭議的傳奇人物。一些學者認為他有功於中國近代化。

中是個雖極端重要，卻十分朦朧的大概念。鐵甲艦究為何物？它與整體的海軍是甚麼關係？它與朝廷最為憂心的海防又是甚麼關係？李鴻章這樣一個缺乏新知的「逐新者」，無法避免一個摸摸索索的過程。

為「遙遠的鐵甲艦」所做的準備，卻並沒有放鬆過。

一八七五年冬，沈葆楨已派福建船政學堂學生劉步蟾、林泰曾等人隨赴法採購的法國人出洋遊歷。一八七六年二月二十日，李鴻章寫信給沈葆楨，對沈所論鐵甲艦必須購置頭等之說表示贊同。不久，沈葆楨等請求清政府將已在英國高士堡學堂學習的劉步蟾、林泰曾收入英國大戰船繼續學習。[24]

一八七六年夏天，李鴻章在煙台應邀參觀了德國和英國的軍艦，對其武器裝備的日新月異極為驚奇。在軍艦上看到隨船實習的日本學生，也刺激他為中國「無管帶鐵甲艦之將」而焦慮。不久，他就

24 姜鳴編著：《中國近代海軍史事日誌（一八六〇—一九一一）》（北京：三聯書店，一九九四年），頁四十八。

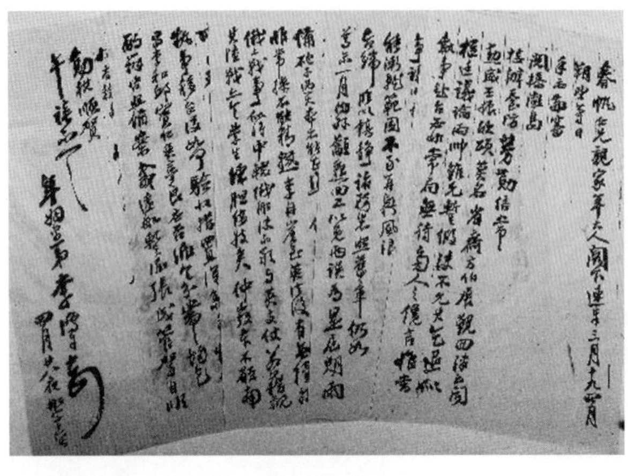

▲ 李鴻章在一八七八年前後的親筆信

防海新論卷一

布國希理哈撰　英國 傅蘭雅 口譯
金匱 華蘅芳 筆述

紀花旗國南北交兵緣起

近三十年以來美國南北兩方之人因風俗不同政令互異彼此不能相睦遇有會議之事必各存意見互欲爭強如是者久之遂分為南北兩黨以至竟成仇敵然其南方之人大半務農北方之人多嫻工藝無事之時本各安居樂業萬不料一國之中而有日尋干戈之事也所以一切戰守之法與夫軍中需用之物皆非平日所籌備

▲《防海新論》的中文譯本

致函福建船政局負責人，「囑選閩廠學生十餘人，隨郭嵩燾赴英水師學堂及鐵甲艦學習」。[25]

李鴻章從學成回國的海軍留學生劉步蟾、林泰曾那裏，被「擁鐵甲等船自成數軍決勝海上」的建議所打動，一八七九年底，他向朝廷提出：「中國目前既無此力量，斷不可無此志願。」

從「海防大籌議」後，他已在迷茫的霧中行走了五年。

迷茫的原因在於海軍建設指導思想含混不清。李鴻章在這照貓畫虎的海防建設中，準備接受的只是具有遠洋作戰能力的鐵甲艦本身，而不包括來自西方的「決勝海上，以戰為守」的海軍觀念。換句話說，鐵甲艦是那個時代的戰略武器，而中國迎來的，是「武器」而非「戰略」。

李鴻章十分仔細地閱讀了希理哈的《防海新論》，對那位曾參加美國南北戰爭的普魯士軍官提出的思想——把敵國海口作為自己海軍第一道防線，和在本國各海口設重防——感到不以為然。他認為對於貧窮的中國來說，只能擇緊要處設防，首先是渤海灣京畿門戶，次為長江財賦奧區。在他看來，以「鐵甲艦數隻游弋大洋」，目的是「遮護南北各口」。這和魏源「守外海不如守海口」的思想一脈相承。

一百多年後，中國有人談論起這樣的話題：為甚麼一次又一次總是日本渡海來打中國，而中國就沒有想過到那個島國上去看一看？

事情並非如此。一八八二年，御史張佩綸提出對已經吞併琉球、正覬覦朝鮮的日本舉兵「東征」。

李鴻章答覆：「東征之事不必有，東征之志不可無。」

接下去的話是：「中國添水師，實不容一日稍緩。」

他是務實派。務實，是因為他比誰都更深切地懂得在中國行路之難。

第一重難關是——錢。

他對沈葆楨說過：「朝貴一聞撥款則縮項結舌而莫之敢應。」

「海防大籌議」後，總理衙門和戶部聯合奏請在關稅釐金項下，每年撥給北洋、南洋各二百萬兩，專為海軍之用。沈葆楨提出，先全部集中給北洋。以當時的經濟制度，這錢由各省與海關分別解送。這就使四百萬兩有名無實，每年實際只能解到三四十萬。加上正值左宗棠征西，「塞防」和「海防」又爭起銀子來。李鴻章「夙夜憂思，一籌莫展」。一八七八年華北大旱，清廷還着撥海防經費賑災。一八八〇年初，當總理衙門告訴李鴻章上面沒有錢，購鐵甲艦的錢讓他自己設法騰挪，以緩就急時，李鴻章真有幾分憤憤然了。他致函總理衙門說，我這裏錢如有來源，你們可以明確指出。問題我每年該解到的錢還遠不足數，這點錢——「如湯沃雪，轉瞬立盡，而來源枯涸，茫如捕風，雖巧婦不能為無米之炊」。

李鴻章憤憤地責問那些不顧大局的地方大員：「各該督撫、司道、監督，誰非臣子？誰無天良？」

李鴻章厲聲警告：「機會一失，中國永無購鐵甲之日，即永無自強之日！」[26]

從一八七四年「海防大籌議」後，長長五六年間，購置鐵甲艦的議案在中國時冷時熱，議議停停，不死不活，久無定局。文牘已堆積成山，一次次慷慨激昂的呼吁也已變成了陳詞濫調。而李鴻章自己也用了

25 《中國近代海軍史事日誌（一八六〇—一九一一）》，頁五十。

26 《李鴻章全集．譯署函稿》，卷十，頁二十五。

同樣長的時間，才擺脫了頭痛醫頭腳痛醫腳的混亂，擺脫了對洋人的盲目篤信，開始抱定「鐵甲艦」這個高於一切的目標。一八七七年日本在英國訂購了鐵甲艦「扶桑」號，對中國的洋務派是重大的刺激。十九世紀七十年代末日本對琉球的吞併，和由於中俄伊犁爭端引起的俄國海軍在海上向中國炫耀武力，又一次刺激了大清帝國的「避害反應」。一八八〇年下半年，李鴻章終於十分艱難地從海防費、出使經費和戶部撥款中湊足了錢，派駐德國公使李鳳苞在德國談判購買鐵甲艦事宜。最後定造的，便是日後北洋海軍的主力艦「定遠」、「鎮遠」。[27]

十九世紀八十年代上半期，中國海軍建設以「三洋水師」（北洋水師、南洋水師、福建水師）的初步建成、兩艘鐵甲艦的訂購製造和兩艘巡洋艦「超勇」、「揚威」在中國軍人駕駛下啟航回國為標誌，形成第一個浪峯。

光緒朝的最初十年（一八七五至一八八四年），是中國洋務派的改革思路日漸清晰、人才日漸成熟、技術化水準日益提高的十年。這十年間，國家沒有遇到重大的外來侵略，恭親王奕訢大權在握，在相當程度上支持了李鴻章的變革。在李鴻章等人的身邊，在對外交往的第一線，湧現出了如薛福成、曾紀澤等出色的通達時務的中年官員（三十年代末出生，四十歲左右）。曾紀澤、薛福成等人屬於當時由中國傳統文化薰陶出來的知識分子中最具新思想的一羣。他們是介乎於李鴻章（二十年代初出生）和「馬尾少年」（五十年代初出生）間的一代人（與慈禧的年齡相仿），是洋務派首領們的智囊和各項決策的具體操作實施者。李鴻章、沈葆楨等人在七十年代中期提出了遠比海軍建設深廣得多的未來發展計劃，但在朝廷折衷變革與保守兩種意見的時候，這些計劃被大大調整。「海防大籌議」時提出「海防」、「籌餉」、「用人」三大問題，十年間，洋務派在關係中國安危的最「現實」的海防等問題上頂住了攻訐浪潮，取得進展；但關係中國命運更「恆久」的殖產興業和人才儲備方面的變革，則得不到朝廷的支持，在種種重壓下屢遭挫折。「留美幼童」的計劃因遭到頑固派的激烈反對而半途夭折——先後由曾國藩、李鴻章等人送出國門的四批留美幼童，在美國生活了數年後，一八八一年秋，奉清廷之命，淒然回國。

中國近代海軍在這樣的背景下逐漸形成。

一八八二年七月二十三日，朝鮮發生由宮廷派系爭鬥引發的「壬午之變」。當日本決定派軍艦赴朝鮮干涉時，清廷也派丁汝昌、馬建忠率「威遠」、「超勇」、「揚威」赴朝。這是中國近代海軍草創時期的一次重要的對外軍事行動，中國軍隊迅速進入朝鮮，扣押了入宮奪權的朝鮮皇帝的本生父大院君，並將他解送到中國。「平定朝鮮亂黨，辦理甚為妥速」——朝廷上諭稱：「李鴻章創辦水師深資得力。」准李鴻章所保，一批赴朝人員受到獎賞，其中有「超勇」管帶林泰曾和「揚威」管帶鄧世昌。

一八八二年，中國在德國伏爾鏗船廠定造的鐵甲艦「定遠」、「鎮遠」都已下水。

在兩艘鐵甲艦竣工即將回華之際，中法戰爭爆發，福建船政水師在馬尾慘遭重創。

27 關於購艦問題，姜鳴多有考據和論述，參見姜鳴：《龍旗飄揚的艦隊（增訂本）》（北京：三聯書店，二〇〇二年），頁一一七。

▲「留美幼童」，一個美麗而憂傷的故事。淒然返國的許多學生將獻身海軍。

馬尾

一八八四年八月中旬，烈日炎炎，馬尾附近的閩江江面上，十一艘木質中國軍艦和包括兩艘鐵甲艦在內的八艘法國軍艦，擠擠挨挨、首尾相連地停泊在羅星塔附近閩江拐彎處那寬不足千米的江面上。每艘艦都處於嚴密戒備狀態，炮位邊從早至夜站立着士兵——這種對峙已持續了整整五個星期。表面看去似乎相安無事，平靜如故：八月十六日中國皇帝萬壽節，法艦和中國軍艦一起掛起了萬國旗。但這恐怖的太平使中國軍人緊張的神經幾近繃斷。江面有數十條民船游蕩着，只有中國水兵知道他們裝滿了硫磺和火罐，隨時準備衝向法艦再演一幕火燒赤壁。兩艘沒有火炮的中國商船「各載勇數百名」，握刀等待「遇船以短兵殺賊」。岸上的山中偶爾傳來槍聲，那是信神的總督何璟派兵向西北天空射擊，「擊散妖雲」，「以消弭兵災」。

「兵災」的起因在於法國對大清屬國越南的侵佔。戰火從陸地燃到海上，法國海軍先攻台灣，失利後又以「保商」名義進入福州，企圖以這座城市為質，逼取巨額賠款。

李鴻章的海防重點置於北方，戰略假想敵是日本。他不願擴大中法間戰事，使中國兩面受敵，因此拒絕派北洋的軍艦南下福州。但他和福州軍政大員們對法艦魚貫進入閩江又手足無措，不知如何使用國際法處理此事。同時他們不懂得西方軍人「在出征時已把道德撇在家裏」這句名言的含義，還對法國人是否會在中國家門裏面襲擊中國軍艦將信將疑。朝廷命令決不許首先開火。

於是出現了使後代中國人感到奇恥大辱的情景：讓敵人大模大樣停泊在自己的海軍基地，不是為了甕中捉鱉，而是為了讓他們更省事地消滅我們。於是這場本應避免而又未能避免的戰爭，首先不是由於軍事上的原因而在未開火前就已被中國古老道德信條奠定敗局。

◀《點石齋畫報》刊登的中法海戰圖

八月十七日，談判破裂。

中國海軍仍在執行不得主動出擊的禁令。

八月二十二日，法國政府電令海軍東京支隊司令孤拔消滅船政水師。

八月二十三日上午八時，法方向何璟投遞最後通牒，限中國艦隊當日下午撤出馬尾，否則開戰。愚守「戰即約期，不行詭道」的中國當局，卻派人給法國人送信，稱我方尚未準備好，請改於明日下午開戰。送信的魚雷艇剛接近法艦，法艦突然開火。

福州海關稅務司賈雅格（J.W. Carrall）目擊此戰，他的記錄稱：

> 「伏爾他」號掛起紅旗後，「豺狼」號首先開火，法艦隊的其他各船繼之，它們有些已經起了錨。「琛航」和「永保」幾秒鐘內就沉沒了。「藝新」和「伏波」逃向上游在林浦地方擱淺。「福勝」和「建勝」因為船頭朝着上游，不能運用它們船頭的十八噸大炮，不久即漂浮中游陷於沉沒狀態。「揚武」以它的尾炮回擊了「伏爾他」的第一陣舷炮，並且很準確，第一彈就在「伏爾他」號的船橋上炸裂，轟斃引水（自上海來的湯姆士）和五個水手。孤拔當這彈爆炸時正站在引水人的旁

邊，僅以身免。「揚武」僅放了一陣舷炮，「伏爾他」號船尾的一隻魚雷艇就朝它撲去，它被魚雷擊中右舷尾，在戰鬥開始以後二十七秒鐘就被轟沉了。「福星」、「濟安」和「飛雲」在一開火時便失去作戰能力。那驍勇的「振威」，雖然暴露在「維拉」號和「台斯當」號的舷炮下，並且在駛過「特隆方」號之前時，為敵艦的重炮烈火所洞穿，頭尾已着火，船已失去控制，隨波漂向下游，漸漸沉沒，但是它仍然奮戰到底，一次又一次地發射炮火，直到一艘法國魚雷艇在煙火中衝進，才完全毀滅了它。就是在它最後沉沒的一刹那，這勇敢的小船，還以最後一炮擊中它的敵人，重創了敵艦艦長和士兵兩名。

雖然在開火以後七分鐘，每一隻中國軍艦都差不多已不能作戰了，但是法國軍艦卻不顧那些破碎船艦上的受傷和無助的人們，仍繼續發射它們的槍炮、和霍乞開司機關炮，這不能叫作戰爭，這是屠殺！

▲ 被法國軍艦擊沉的「揚武」號

江面戰鬥進行了僅半個小時，福建水師十一艘艦艇全部被法艦擊沉，海軍官兵傷亡七百餘人，還損失了數十艘商船。

這場海戰發生在中國近代海軍正在加緊建設而尚未成型之時，被擊沉的旗艦「揚武」就是當年海軍「練童」的訓練艦。「揚威」艦上有七名歸國加入海軍的「留美幼童」，他們奮不顧身參加戰鬥，其中有四人陣亡，他們是曾經就讀於美國麻省理工學院（M.I.T）的鄺詠鐘、薛有福、楊兆楠三人和黃季良。

馬尾船政學堂和造船廠被法艦轟毀。[28]

一八八三至一八八五年中法戰爭，對於中國海軍建設的最重要影響，

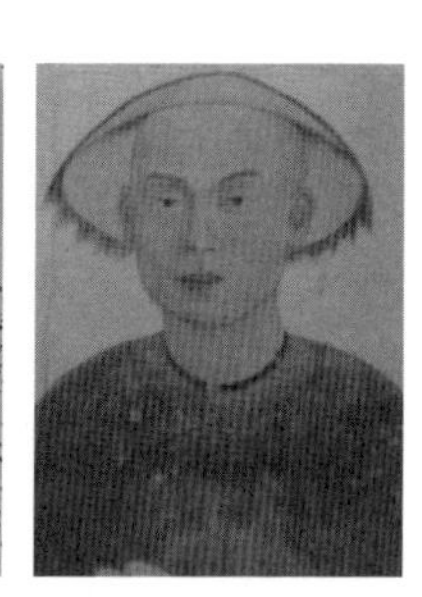

▲ 犧牲於中法海戰的（左起）楊兆楠、鄺詠鐘、薛有福曾是美國麻省理工學院的學生；黃季良也是留美幼童，最右一幅即是他的自畫像。

不僅是一支艦隊在馬尾的覆滅，而是由此引發的一場高層政治風波。

一八八四年三月十日，就在駐越南清軍北寧失守的三天前，李鴻章給恭親王奕訢寫了一封「請設海部兼籌海軍」的信，提出中國海疆遼闊，「局勢太渙」，「畛域太分」，難以統一領導；而且目前的海防，實際是他這樣一個京外的大臣在主持，「形隔勢禁，既無長遠駕馭之方，亦開外重內輕之漸」。他呈上《德國海部述略》和《日本海軍說略》的兩個譯本，建議成立一個西方式的海軍部，這個部擁有兵權、餉權和用人之權，他部不得掣肘。尤其重要的是，這個部的大臣還要「兼贊樞密」，參加中央決策。他直言不諱地提議奕訢和總理衙門兼轄海軍部，而海軍部大臣的人選就是他李鴻章本人。這種毫無掩飾的要權，反映出海軍建設當時的困境，也反映出李鴻章和洋務派總首領奕訢的不尋常關係。[29]

豈料一個月後的四月十日，慈禧突然以追究「北寧失守」責任為由，下令罷斥奕訢的職務：「現值國家元氣未充，時艱猶巨，政多叢脞，民未敉安，內外事務，必須得人而理，而軍機處實為內外用人之樞紐。恭親王奕訢等，始尚小心匡弼，繼則委蛇保榮，近年爵祿日崇，因循日甚，每於朝廷振作求治之意，謬執成見，不肯實力奉行……」

不僅奕訢罷官，高層決策機構軍機處也全班換馬。

奕訢是慈禧的政敵。他倆在咸豐死後，曾結成政治聯盟，把八個顧命

28 「馬江海戰」的經過，在姜鳴所著的《龍旗飄揚的艦隊（增訂本）》中亦有詳細記述。

29 《李鴻章全集．譯署函稿》，卷十五，頁十九。

大臣一網打盡，開始垂簾聽政局面。但四年後慈禧借機取消了奕訢「議政王」頭銜。此後二十年間，作為首席軍機大臣的奕訢仍是慈禧的心腹之患，他反對重修圓明園，誅殺不法太監安德海，都使慈禧含恨已久。矛盾發展到一八八四年，已經到了一個對慈禧來說是命運攸關的時刻：光緒帝已十五歲，西太后不久就要「歸政」。那時，這強有力的奕訢是無人可以駕馭的！

▲ 年輕的伊藤博文

被人罵成「鬼子六」（因他是道光帝第六子）的洋務派首領奕訢，在中箭落馬之際居然被斥責為「因循日甚」、反對「振作求治」的保守派。中國政治的撲朔迷離就是這樣令人咋舌。慈禧的上諭妙就妙在既要攆走奕訢，又要聲明「振作求治」那一套繼續照辦。

取代奕訢政治地位的，是光緒皇帝的生父醇親王奕譞。

政潮起伏。

罷斥奕訢次日，慈禧令「軍機處遇有緊要事件，着會同醇親王奕譞商辦」。

一八八五年十月，李鴻章曾建議過的那個「海軍部」——總理海軍事務衙門正式成立。奕譞出任總理海軍事務大臣，李鴻章任會辦大臣。李鴻章在上半年剛和日本全權大臣簽訂《天津會議專條》，國內局勢和國際局勢雙重的險惡，使他和他的海軍都前景莫測。

中法戰爭期間，中國確實面臨着兩面受敵的危險。馬江海戰不久，朝鮮發生「甲申事變」，一次由圖謀改革朝鮮內政的貴族青年發動的政變。鄰國改革合乎世界潮流，對古老的宗主國中國卻是噩耗。而且當中國的政治影響在朝鮮日益削弱之時，日本不失時機地填補真空。組織「開化黨」的貴族青年們是親日的。事變剛發生，日本就派出一八七八年在英國購買的鐵甲艦「扶桑」和舊式鐵甲艦「比睿」去仁川。李鴻章也急令「超勇」、「揚威」、「威遠」三艦赴朝鮮馬山浦。「超勇」、「揚威」其時正準備會同南洋水師投入對法國的作戰，倉促北返。

中法戰爭於一八八五年結束。同年，朝鮮危機解決，日本全權大臣伊藤博文來華，和李鴻章簽訂了《天津會議專條》。這個條約最主要的是第三款：今後朝鮮若有重大變亂事件，中日兩國彼此出兵之前先行行文知照。事完後即撤回，不許留防。這意味着朝鮮已成為中日兩國的保護國，十年後甲午戰爭的禍根就種在這裏。

一切都是因為中國太弱。中法交戰期間，最使李鴻章焦灼的事情之一，就是已經建成的鐵甲艦「定遠」、「鎮遠」和巡洋艦「濟遠」被困在歐洲久久不能啟程回國。李鴻章深信只有鐵甲艦才能使中國挺直腰桿，可是眼睜睜地看着自己的鐵甲艦被扣在遠方，長達兩年之久。他和駐德公使李鳳苞電報往返，萬般無奈，憂心如焚。同樣使他憂慮的是，在和伊藤博文談判時，他發現那位四十四歲的日本全權大臣久歷歐美，學識淵博，深諳富國強兵之道。由此想到：「十年之內，日本富強必有可觀，此中土之遠慮，而非目前之近憂。」恰恰十年之後，此話果然應驗。

日出國

直到百餘年後，中國人還在為那個島國而惶惑。就在馬尾「伊毗之聲與梵唄相答」之時，中華帝國的東方，一衣帶水的那個弱小鄰邦也在悄悄崛起。福建船政局開辦次年，一八六八年，日本明治維新成功。日本的這次維新和中國的「洋務運動」幾乎同時發生，而結局卻有天壤之別。它使一代又一代中國人為之痛苦反省和思索。

這簡直令人難以置信。

隋唐時代，在中國東起蓬萊，西至洛陽、長安的漫長道路上，常有一隊隊面容憔悴、衣衫襤褸的旅人。他們是來自東面島國的「遣隋使」或「遣唐使」，肩負向中國學習的歷史使命。海闊路遙。那時候，他們還不懂得秋季比夏季更便於航行，他們乘坐着落後的平底船，一次次地被捲入夏日的狂濤惡浪。不知有多少人葬身魚腹、流落荒島；而倖存者剛剛登岸，又常被飢餓和疾病襲擊。黃塵蔽日的道邊，伴着忘身銜命者的足跡，留下了越來越多的墳塋。

最早的使節抵達隋都洛陽時，帶去了措辭古怪的國書，首句為：

日出處天子致書日沒處天子，無恙耶……

中國皇帝因客人自視為日出國而稱堂堂中華為日沒國而不悅。後來知道，是那個島國上的人粗學漢字，辭不達意，遂作大度一笑。

那寬容的笑容源自國力的強大。當日的隋都令人「瞠目驚視」：「街上樹木，全都裹以絲綢」，夜深而街衢依然熱鬧。大劇場和有印度象的雜技團等處人山人海。外國使節所到之處，飲食免費。[30]

唐代，人口百萬的長安和西亞的巴格達並列為世界最大都市，外國留學生、留學僧數以百計。日本「遣唐使」如吮吸母乳的嬰兒，貪婪地吸收這裏的文明：漢字、佛教、繪畫、棋道、醫術，乃至陰陽八卦和百官朝拜時的「舞步」。他們甚至把整座建築宏麗的長安城搬回了日本，這便是唐風長存的京都和奈良。

十五世紀，中國開始在世界落伍，日本也進入了長達二百年閉關鎖國的「德川時代」。然而即使是在這個鎖國時代，緊閉的屋子仍打開着一扇小小的窗戶。長崎港內有個名為「出島」的小島，被指定為惟一允許外國人（當時主要是荷蘭人）居住的地方。於是，圍繞着小小出島，一批熱衷吸收荷蘭文化的日本人成了「蘭學家」，荷蘭話成了日本當時的西學用語。明治維新時代的啟蒙思想家福澤諭吉，也是出島附近一名學蘭學的書生。「蘭學家」和一批小企業家、一批進入知識界的窮困武士是幕府時代為明治維新留下的最珍貴的遺產。

中國人在那時仍然是深受日本人尊敬的。對日本人來說，中國人是有頭腦的、內省的和充斥於德川時代藝術家繪畫中的聖賢。

克里米亞戰爭爆發的當年——一八五三年，美國的佩里准將（Matthew Calbraith Perry）率戰艦「叩」開日本的大門。一八六四年，四國聯合艦隊炮擊日本下關，摧毀各主要炮台，日本被迫簽訂屈辱的「和議」。和中國「同文同種」的日本國，在十九世紀中葉，命運和中國一樣，在堅船利炮面前被迫開門；然而巨變引起的震撼卻遠較中國為輕。日本將自己從一位老師的學生變成了另一位老師的學生，中國卻失去了尊貴的師長地位。

日本一批有新思想的政治家登上了社會大變革的舞台。就在中國那批「馬尾少年」開始在福建船政學堂學習駕艦造船的時候，他們以天皇的名義宣佈，要「廣興會議，決萬機於公論」，「打破從來之陋習」，

30 池步洲：《日本遣唐使簡史》（上海：上海社會科學出版社，一九八三年），頁三一。

▲ 學習電報的日本學生，目光咄咄逼人

▲ 日本岩倉具視代表團出訪歐美

「求知識於世界」。他們利用古老的天皇權威，「廓然更張」，「慕效西法」。

政府派出數百人的龐大代表團，用幾乎兩年的時間赴歐美考察，從兵工廠到銀行、市場、法律、市政機關無所不學。

美國的《獨立宣言》由福澤諭吉翻譯出版。「自由」這個漢語新詞就是福澤最先創造使用的。這位思想家還創造了新的漢字，如用「汽」來譯「蒸汽」、「汽車」、「汽船」，皆出自其手。

當中國福州馬尾的海軍學生在高聲朗讀英語、法語的時候，大洋彼岸，日本的新錢座，福澤諭吉辦的慶應義塾也開辦不久，學生學的是福澤從美國帶回來的英文課本：經濟、歷史、地理、物理……。福澤

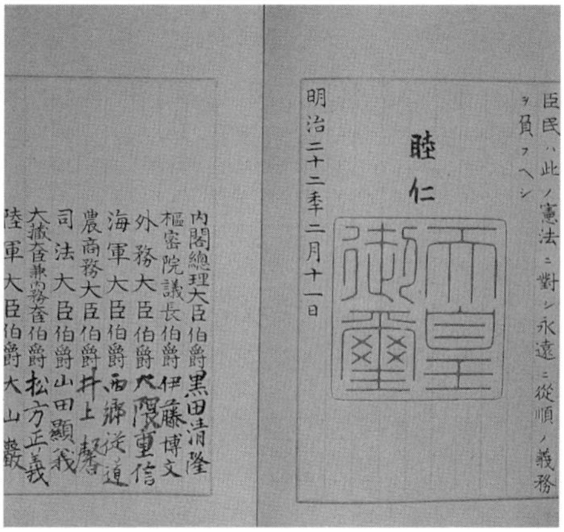

▲ 天皇頒佈憲法的文件

還專為孩子們寫了一本琅琅上口的小書《世界國盡》，孩子們在小書裏看到「世界之廣大，國家之衆多，大別分為五大洲，……不了解世界，人就失去了存在的價值」。孩子們在唸英國工業革命的歷史：「智慧生勇，渡水使用汽船，行萬里之波也毫不畏懼；行於陸地的蒸汽機車，宛如給人添了雙翼，比飛還快的電報機，瞬間便達萬里之遙……」

明治政府認為「文明之為文明者，實有賴於一般人民之文明」，因此頒佈「學制」，大抓教育，明治元年，日本在國外有留學生五十人，到五年後，就有了上千人。

政府頒佈「剪髮令」，僅允許罪犯結半髮，凡梳髮髻的理髮店均課以重稅。日本人和延續千年的髮髻告別。

天皇下詔：以西服為正式活動的禮服。他率先脫下了長袍和服，穿上西服和軍裝。「文明開化」一詞迅速成為日本人日常生活的口頭禪。到處有人在主張廢漢字、喝牛奶、吃牛肉，與外國女子結婚以改良民族體質……

一位擔任日本海軍學校教師的英國人說：「日本在一瞬間從武士髮髻的時代經過文藝復興與壯舉而進入近代。」[31]

明治維新後赴日本遊歷過的中國人，吃驚地望着他們聞所未聞的事物：

「鐵道火輪」（火車）。「穿山鐵道」（隧道）。

「電氣報」（電報）。寒暑針（溫度錶）。

31 萬峰：《日本近代史》（北京：中國社會科學出版社，一九八一年）。

▲ 日本急於「脫亞入歐」，兒童的服裝很早就已西化

西法造紙。機器紡紗。罐頭食品。
盲啞院。人體解剖。拔牙術。
幼稚院。消防局。新聞紙。
女子學校女生所做的球鈴球棍體操。舞會。……

懸掛着中國漢唐名臣像的舊日皇宮，早已人跡罕至；荒草落葉，蛛網雀巢，一片頹敗景象。

更令人喟然的是，他們在東京博物館看到標有「中國物」字樣的展品是：「銹蝕鳥槍數桿，破布九龍帶兩個」，「壞竹鴉片煙槍兩桿，破瓷煙缸兩個，中豎一挑煙棒……俱極骯髒。」[32]

十九世紀六十年代後，中日兩國幾乎同時展開了一場追隨世界潮流的變革。兩國有共同的焦灼與激切，而中國改革與日本改革卻走了兩條多麼不同的路。

日本在明治維新後，經過版籍奉還、廢藩置縣，已經行政統一、市場統一；而中國名為集權，實則體系混亂、上下脫節，稅制有名無實，國庫空虛。用伊藤博文的話說，「中國名為一國，實則十八國也」。

中日都開始了「富國強兵」。日本的企業，最初也無一不是「官設之廠」，然而明治政府在七十年代中期就着手拋售官營企業，轉官營為「民營官助」，扶植起「三菱」、「三井」等重要企業。這與中國的「官督商辦」，

▲ 早期日本留學生。右上者為伊藤博文。

▲ 日本最早的女子留學生

僅「助」和「督」一字不同，效果卻迥然。如果說，在洋務運動開始的一八六〇年，中日兩國基本上沒有近代企業，那麼，由於政府企業政策的不同，到甲午戰爭時，日本的企業及資本已是中國的幾十倍。

當日本明治政府大興教育，從制度上幾乎全部照抄美國，建立起包括義務國民教育、中等教育、高等教育的教育體系時，中國的教育仍在科舉制下如一潭死水。

日本人沒有中國人身上那樣沉重的歷史文化包袱。中國的「本體文化」是滋生保守性的溫牀，而日本人從來就是文化的「混血兒」。

中國人沒有日本人那樣的自強的緊迫感。中國有自給自足的地理條件。日本是個充滿危機的島國。

有人說日本的變革是一場追趕西方的「急行軍」。在這場「急行軍」中它要求每個人犧牲自己。

日本人在變革中沒有放棄古老的「忠」。

明治維新政治家們成功地利用了日本國民性。他們高舉皇權的旗幟，維護等級制和中央集權，煽動起國家

32 羅森：《日本日記》，何如璋等：《甲午以前日本遊記五種》，王韜：《扶桑遊記》，黃遵憲：《日本雜事詩》（長沙：岳麓書社，一九八四年）。

至高無上的熾烈情緒——這恰恰是正值滿漢民族矛盾日益尖銳時期的中國所不可能設想的。

日本的啟蒙思想家福澤諭吉一生倡導「文明開化」，希望日本躋身西方列強的行列。在他的眼裏，強者為文明國，弱者為非文明國，弱肉強食是名正言順的。他曾回憶一次船過香港看到英國軍官欺凌中國小販時的感受：「當時我禁不住一股血氣獸心，以為如果日本帝國有幾億元貿易額，配備上百上千的軍艦，將太陽旗飄揚於支那、印度海，更遠至西洋諸港炫耀國威，既可以像英國人一般駕馭支那人，甚至可以奴隸般地壓制英國人……」

對於日本發生的一切巨變，最早留下完整記錄的中國人是駐日參贊黃遵憲。他寫的《日本國志》，幾乎就是一部明治維新史。此書一八八九年即刊行，卻無人問津，無聲無息。直到甲午戰敗，中國人才如獲至寶地發現了它。有人對黃遵憲說：你的書如果早點讓大家看到，價值可抵得二萬萬兩銀子！

頤和園

一八八六年五月十六日，中國北方最大的港口城市天津氣氛異常。城內到處可見巡邏的兵勇，平日熙來攘往的街市變得潔淨和清冷。許多屋宇顯然剛經修葺，一些有礙觀瞻的雜亂處被人用板牆屏隔。文武官員衣冠楚楚，表情肅然，一個個匆匆步出北門。城外大運河上，不見一船行走，所有駁輪都被令停靠西岸，讓出河道。河邊搭起了一座嶄新的木碼頭，更引人注目的是那座裝飾絢麗的席棚。

身穿黃馬褂、頭戴雙眼花翎的北洋大臣李鴻章，清晨便登舟北行。這是對於他和北洋海軍命運相關的一天：醇親王奕譞巡閱北洋海防，即刻就要到達。

▲ 醇親王奕譞（中）大閱海軍時和李鴻章（右）、海軍衙門幫辦善慶（左）合影

上午巳刻，在一條小火輪的牽引下，那條來自京城的長龍船向天津緩緩駛來。專去出迎的李鴻章護立在奕譞身邊，但見二十里長堤旌旗逶迤，數十名佩刀的陸軍營官率領着五千士兵舉槍跪迎。禮炮轟鳴。四十名司道級官員在紅橋碼頭立岸恭候。醇親王奕譞在一片請安聲中，坐上專為其恭備的黃絆四人肩輿。淮軍馬隊四十名騎兵為前導，六十名騎兵為後護。蹄聲如鼓。他們簇擁着海軍大臣，穿過津城，送至城南海光寺行轅。

在這裏，奕譞傳令接見提鎮、司道、天津府，和各提督、總兵等文武官員。當李鴻章手下的文官和將領們，魚貫上前，敬呈各自的手本履歷，不無緊張地向親王請安時，李鴻章有時恭敬地欠身向醇親王耳語數言。他始終護立在奕譞身邊。

慈禧罷斥奕訢起用奕譞，曾使李鴻章感到極其突然。「內外局勢屢變，皆出人意料之外」。他致函新入軍機處和總理衙門的許庚身，以惶然的口氣希望得到他的關照：「賴公等持危扶顛，幹濟艱巨。弟雖謗滿天下，他日或猶得之為山野之幸民也。」[33]

李鴻章名義上是清政府的文華殿大學士（首席大學士），在中國歷史上這一職曾等於「首輔」，或曰宰相，是僅次於皇帝的第二號人物，如明代的張居正。但到清代削弱相權，首席大學士在乾隆中葉後已變成榮譽頭銜。李鴻章從未進入中樞，作為漢大臣，他在滿人控制，特別又有慈禧「垂簾聽政」的朝廷中必須有所依附。這就是為甚麼首席軍機大臣奕訢這個政治靠山對李如此重要。

深知中國官道之崎嶇幽深的李鴻章，敏感地預計到了罷斥奕訢之後他將會置身險境。果如所料：奕訢剛下台，上諭就指出，有人參奏李的嫡系部將周盛傳盤剝兵丁倒賣軍糧。幾日後，又有一個叫梁鼎芬的翰林院編修奏李鴻章有「六可殺」之罪。他指責李鴻章對法國人隱忍求和，辦洋務勞民傷財毫無成效，甚至對老母不孝也是其罪之一，他請朝廷將李鴻章罪狀昭佈中外，將他明正典刑。[34]

言官的洶洶之論，沒有成為事實。相反，半年後李鴻章出任海軍衙門會辦大臣。當然，這和李鴻章當初向奕訢提出的，由他出任海軍部大臣，並「兼贊樞密」的方案距離甚大。而且危險並沒有完全解除，兵部一位左侍郎在海軍衙門成立兩個月後還上奏稱「李鴻章會辦海軍恐多貽誤」，建議換人。但是李鴻章顯然已經和炙手可熱的人物奕譞搭上了線。這其間的奧妙，後人在歷史文獻中難以探明。人們只知道中法戰爭結束後，朝廷又一次「勵精圖治」，認為「當此事定之時，懲前毖後，自以大治水師為主」。於是廷議設海軍衙門，召李鴻章入京與諸臣會商。這是奕訢去後李鴻章和奕譞的第一次最重要接觸。他在北京整整住了三週，這「三週」，他做了些甚麼，從而化險為夷，初步扭轉了自己的政治態勢，尚須查考。

現在海軍大臣奕譞和李鴻章一同登上了「海晏」號輪船。十八日凌晨，輪船在大沽口炮台下起碇，乘潮出海。

夜色如墨，四顧茫茫。只聽浪擊船舷的喧聲和輪船蒸汽機的轟鳴混合着，竟夜不息。黎明時分，醇親王走上甲板，猛然間，李鴻章為他安排的壯觀場面躍然眼前——

在「海晏」輪船左右兩側，各有四艘威武的戰艦列隊護航。它們是北洋海軍的鐵甲艦「定遠」、「鎮遠」，巡洋艦「濟遠」、「超勇」、「揚威」，和南洋海軍的巡洋艦「南琛」、「南瑞」、「開濟」。「海晏」之後，又有「鎮東」、「鎮南」、「鎮西」、「鎮北」、「鎮中」、「鎮邊」六艘蚊子船尾隨。在東升的旭日輝映下，一艘艘披金的戰艦，昂首前行，白浪如練。最令親王感到震撼的，是那兩艘七千三百噸級主力艦「定遠」、「鎮遠」。這一對噴吐黑雲的龐然大物，如藍色海面上兩座黑色的城堡。每艦有四門主炮威武屹立，前桅後桅似戰戟直刺青天，艦艏的衝角像鋒利的斧刃隱約露出水面。這就是鐵甲艦。這就是海軍。

海軍大臣為他第一次見到大海和海軍而興奮。

二十日上午，奕譞登旅順黃金山炮台，令調八艘

▲ 描繪醇親王大閱海軍盛況的清宮畫（陳悦提供）

33 雷祿慶：《李鴻章新傳》（台北：文海出版社，一九八三年），頁三五三。

34 張俠等合編：《清末海軍史料》（北京：海洋出版社，一九八二年），頁三十三。

戰艦會集黃金山以南水深處，表演佈陣與射擊。只見各艦在旗艦的旗語指揮下，變換隊形，忽散忽聚，驀然重炮齊射，山鳴谷應。炮聲中，淺水區又有五艘魚雷艇衝出，為親王作魚雷攻擊演習。先以空雷射靶，魚雷入水直射如箭，水面惟見一線白紋。繼而裝藥攻擊，把一艘舊船轟成齏粉。

午後各炮台打靶更為動人心魄。從饅頭山起，蠻子營、威遠台、老虎尾、牧豬礁、嶗嵂嘴，各炮台的克虜伯巨炮連環射擊，周而復始，最後由黃金山炮台的大炮每門發射五發炮彈。剎那間大地搖顫，煙焰成雲。

這天的水雷表演，為親王引爆了八顆從國外進口的價格昂貴的水雷，場面宏大之極。奕譞在檢閱旅順陸軍時，曾親自「以手放電」引爆地雷，觀「怒雷震地，沙土蔽天」的奇景。此時的巨雷卻在海中，當「電火入雷」之時，只聽霹靂激盪，巨大的水柱驟然升起百餘丈高，觀者一片喧騰。

這一件件神奇的西洋武器、一支支按西法訓練的精銳部隊背後，都有洋務大臣李鴻章的影子。但是從當時留下的文字記載看，這一天，李鴻章卻沒有來到演習現場。是因為他對這無懈可擊的表演早已成竹在胸嗎？也許他的深意，就是要讓這一切自然而然地和醇親王這個人緊緊繫結起來。[35]

同治皇帝死後不久的一八七五年元月十二日下午，是奕譞一生中最大的轉折點。當慈禧突如其來地向王公大臣們宣佈她已決定選奕譞之子載湉為新皇帝時，醇親王奕譞彷彿遭雷擊似的猛然跪下，連連叩頭，並嚎啕大哭，直到昏迷不醒。慈禧扶幼小的光緒登基是為了使她自己再度垂簾聽政，醇親王卻不僅失去了愛子，也失去了他在政治場上的超然和安全。

他是皇帝的生父。皇帝被攥在慈禧手中。

一八八二年，朝鮮國王的生父——「大院君」李昰應發動政變，被清政府派兵捉到中國軟禁，後朝鮮國王李熙多次請求放歸，慈禧堅辭不允。一次賜宴，席間李熙的請求信又到，慈禧厲聲道：「並不是我與大院君過不去，我要讓天下做父親的人都得到教訓，不敢胡作非為！」席上的醇親王奕譞當即面無人色，「俯伏在地」，「戰慄不已」。

▲ 慈禧

奕譞對慈禧表現了最大限度的敬畏和溫馴。他在光緒登基後即搬出了兒子降生的王府宅院，並謝絕乘坐慈禧賞賜給他的杏黃轎。他在家中供奉着一件仿周代古玩製造的「欹器」，這「欹器」，水放一半，保持平衡；把水放滿，它就傾倒。「欹器」上刻着「滿招損，謙受益」之類的銘詞。

更重要的是，他早在光緒登基時，就向西太后遞了一個「密摺」，讓她留之宮中，到皇帝長大親政時宣示。「密摺」表示，他永遠也不要被人推崇為「太上皇」——說明白點，他永遠不會以皇帝本生父親的特殊身份干預朝政與西太后為敵。這是奕譞在他和光緒、慈禧三人間佈下的最合適的棋勢，使王公大臣們對他無口實中傷，又等於自己把緊箍咒交給了慈禧。

現在慈禧讓這個被她控制的「太上皇」出山了。他成了地位僅次於慈禧的第二號政治人物。毫無疑問，也正是政治棋盤上的關鍵一招：由他領導裝備最先進、實力最雄厚的軍種——海軍。

海軍捲入了敏感的政治。

在一些歷史讀物裏，醇親王巡閱北洋海防的盛大場面中，還有一個身着二品大員官服的神秘人物——慈禧太后的貼身太監李蓮英。有的讀物描寫他獨自檢閱海軍艦隊，多數是刻畫他的狐假虎威：住在李鴻章為他準備的豪華房屋（規格幾乎與醇親王的相同），接受李鴻章數十萬兩銀子的賄賂，文武官員也向他爭獻厚禮。另一些史料稱：醇親王主動要求帶慈禧的親信出巡，正是為了讓慈禧免忌。李蓮英則十分拘謹，布靴布衣，每日手執親王的長桿煙筒、大皮煙荷包，侍立裝煙。無事則退入一間夾室，不見一人，使希冀獻物邀寵的人大失所望。而醇親王在啟程前就曾嚴諭各隨員：不准稍有需索，嚴禁擅收銀物、

35《清末海軍史料》，頁二三二。

請託之事。他的行轅海光寺，「一切濃麗及黃赤諸色」，也都奉他之命不准使用。也許永遠沒有人能考證上述種種細節的真偽，但相互矛盾的記錄恰恰反映了同一個事實：那是一次政治的巡閱。中國晚清政治和中國近代海軍的許多不露形跡的秘密，就隱藏在一八八六年初夏渤海灣邊那些時晴時雨的日子裏。

醇親王在那些日子裏顯得越來越愉快。

他在武備學堂看着學生做洋功課，在工廠參觀「印書機」、「織布機」和「電光燈」，在陸軍校場檢閱德國式的步隊操法。他在海上會見前來拜謁的外國海軍司令，在旅順船塢工地檢查施工進度，在魚雷廠和那些見到他「驚懼下拜」、「不敢仰視」的學堂幼童說笑，讓他們坐到凳子上，「各賜頂戴嘉勉」。他甚至還在魚雷廠津津有味地吃了一餐簡樸的「疏麵」，「飽啖之，若忘其菲」。因為參觀時間過久，「日已逾午」，而他曾有言在先，除了李鴻章安排的飯菜，別的軍營、工廠準備的酒食一概謝絕。

他對李鴻章的部下表示了親切慰勉。參觀中，他讓跟隨他巡閱的一位德國照相師，給上至提鎮道府、下訖護衞隊長「人各照一相」。這新奇的獎勵使將士興奮異常。

海上偶遇風浪，隨行者有人眩嘔。奕譞說：「此風在海上尚不為大，可見水師將士終年辛苦。」他自己卻憑欄遠眺，談笑如常。

輪船駛向威海，途徑廟島時，彷彿是這次巡閱早已安排好的一個吉祥的高潮，那奇幻的海市蜃樓忽然間出現了。蜃氣微顫的海面上，遠遠地，恍若有一座古城，亭台樓閣，時隱時現；又一堆綠影晃動着，竟是松林古剎，樹外似有數位僧人，袈裟飄然，翹首立迎。醇親王被這仙境所陶醉了。這是他的仙境。海市蜃樓虛虛緲緲，瑰麗詭譎，隨從個個喜形於色。

是吉兆嗎？

醇親王和李鴻章告別時似乎動了感情。當李鴻章從天津陪送奕譞到北運河桃花口時，醇親王口誦李白的《贈汪倫》詩作別：

李白乘舟將欲行
忽聞岸上踏歌聲
桃花潭水深千尺
不及汪倫送我情

李鴻章當即占詩獻呈：

雕弓玉帶出天閶
士女如山擁繡裳
照海旌旗搖電影
切雪弋望耀榮光
佽飛禁旅嚴千帳
羅拜夷酋列幾行
德協謙尊齊讚頌
力辭黃屋福威揚

巡閱顯然大獲成功。從幾天後醇親王呈西太后的《奕譞奏查北洋炮台、水陸操防、機器、武備、水師學堂摺》中可以看出，李鴻章的一片苦心，打動了海軍大臣：

北洋只「定遠」、「鎮遠」、「濟遠」三鐵艦，「超勇」、「揚威」兩快船可備海戰之用，南洋僅「開濟」、「南琛」、「南瑞」三船行駛尚速、炮位尚大。臣等將前項八船調集旅順洋面合操，並令隨行威海、煙台一帶，佈陣整齊，旗語燈號，如響斯應。各將弁講求操習，持久不懈，可期漸成勁旅。惟

▲ 抵達中國不久的「定遠」、「鎮遠」（陳悅提供）

此數船，合尚嫌單，分則更少。俟明年英、德新訂快船四隻北來，合之北洋現有五船，自成一隊。仍俟籌款有着，再行續商添購。海防關係重大，久遠之計，將來船隻成軍，自應請專設提督等額缺，妥定章程，以專責成而固軍志。

摺中提到的「快船四隻」，是李鴻章正派人在歐洲訂購的巡洋艦「致遠」、「靖遠」、「經遠」、「來遠」。醇親王猶覺不足，還要「添購」。這不啻是海軍的福音。

由官方文件組成的歷史，永遠這樣光明。也許只有李鴻章明白，這一切要從官方文件變為現實，其間要經過怎樣一個過程。而對於他所期望得到的和保住的一切，將要付出的是甚麼代價。

一八八六年九月十四日，奕譞呈了一個很可玩味的奏摺。他稱，在大閱海軍時，發現算學、地理、測量等，「實為濟時要務」，由此想到，「八旗子弟，聰穎驍健者實不乏人，只為見聞所囿，雖具美質無可表現」。他建議修建昆明湖水師學堂，恢復昆明湖水操。

想想當年，倭仁是怎樣堅決反對在北京辦同文館教算學地理，如今親王大臣已能考慮讓八旗子弟學習西洋文化，這不能不說是時代的變遷。可這奏摺再讀下去就有了意思。

「因見沿湖一帶殿宇亭台半就傾圮，若不稍加修葺，誠恐恭備閱操時難昭敬謹……」它提出了一個重要問題，就是包括昆明湖、萬壽山在內的清漪園已經破敗，太后去檢閱水師，顯得不敬。怎麼辦？「擬將萬壽山暨廣潤靈雨寺舊有殿宇台榭並沿湖各橋座、牌樓酌加保護修補，以供臨幸」。

這是奕譞巡閱歸來督辦的第一件與「海軍」有關的大事。

小湖泊裏的「海軍」很快辦起來。這支「海軍」是真正的中西合璧：「規復水操舊制」——「水手」着藍羽綾號衣和戰裙，「兼用西法」——像馬尾船政學堂那樣分內外兩個學堂學習西洋技藝。

一八八七年一月十七日，戶部尚書翁同龢在日記中透露了醇親王奕譞等「以昆明（湖）易渤海」，即以頤和園換取慈禧對海軍建設支持的「苦衷」。

中國歷史上那樁為千夫所指，被痛斥至今的醜聞，就這樣名正言順地開了場。

在內學堂學習輪船駕駛的八旗子弟，很快就知道，他們的使命，實際上是要學會駕駛一艘非同尋常的小輪船，它是專備拖帶太后的安瀾御座船，以供她到昆明湖「檢閱水師」用的。在後學堂學習機械、電氣知識的學生，則是將來這園子裏修「電氣燈」的小電工。

一八八六年當年，海軍衙門就從自己三百四十萬兩「開辦經費」中撥出了五分之一——六十七萬八千餘兩交「昆明湖水師學堂」。作為錢，這只是一個小小的開頭。

一切就這樣不動聲色地迅速開始了——

海軍衙門經費。

海軍巨款。

頤和園。

第二次鴉片戰爭摧毀了圓明園——朝廷在京城消夏避暑的皇家園林。從此，環繞復修園囿，晚清政局出現各種大小事件。一八七三年，為頤養太后，上諭重修圓明園，着官員報效。李鴻章曾私下喟歎「四

◀ 頤和園石舫

方甫定，而土木遊觀之工，紛然並舉。民力幾何，徒增憂喟」！由於屢遭廷臣反對，圓明園始終未能復修，修三海為折衷方案。三海位於紫禁城西側，因南海、中海、北海三個著名的湖泊而得名。隨着慈禧在同、光之間的「垂簾」「撤簾」「再垂簾」，三海工程時斷時續。一八八五年，考慮到光緒將親政，慈禧於六月二十一日下懿旨重修三海。

中國近代史上所謂的慈禧挪用海軍經費修建園林一事，準確說，首先是「挪墊於三海」：三海工程並沒有無償佔用海軍經費。國家機器本身具有制約機制，它通過祖制祖訓、部院規章、御史諫官和朝野清議來平衡天子的言行，所以，君臨天下的皇帝和皇太后也並不能夠隨心所欲地調撥全國財富。問題在於當時中央財政空虛，設立有固定經費收入的海軍衙門，使朝廷多了一個挪墊經費的渠道。一八八六年六月，朝廷令從存入匯豐銀行生息購買「致遠」艦等的軍艦專款中暫提三十萬兩，被李鴻章以購艦急需為由拒絕。但當年年底，李鴻章無法拒絕醇親王奕譞的要求，從德國銀行為三海工程借款九十餘萬兩。據考證，在一八八五年到一八九五年的十年間，整個三海工程共計挪借海軍衙門經費四百三十七萬兩，所借用款項後來都指定專款歸還。

然後是「挪用於頤和園」。雖然三海復修，但慈禧並沒有忘情京城西郊的靈秀美景——圓明園復修工程浩繁，她決定把圓明園西側的清漪園（後來被命名為頤和園）作為晚年的怡樂之所。

為給自己修頤和園，慈禧究竟挪用了多少海軍經費？一百年來眾說紛紜，莫衷一是。有估計為數千萬兩，有估計為數百萬兩，差距竟有十倍之大。史學研究者們試圖以海軍衙門檔案來解此懸案，但無着落，發現的卻是海軍衙門奏請將其各項雜支用款不造冊上報核銷的摺片，說明種種證據已被毀蹤滅跡，成了永遠的秘密。研究者認為，海軍衙門用於園工的錢總數當不超過七百五十萬兩，至少有如下幾大來源：一是海軍衙門開辦費。園工一開始，海軍衙門就成了工程的銀庫，三年之間，那筆相當於「定遠」、「鎮遠」兩艘鐵甲艦全部費用的三百四十萬兩「開辦經費」，幾乎全部用於園工。二是海軍常年經費。海軍衙門成立後，由各省關稅、釐金中提取的那四百萬兩銀子就全部交衙門管理，據查證，這筆錢每年要「騰挪」三十萬兩交給園子，直到甲午戰爭爆發。三是靠賣官鬻爵籌措的「海軍報效捐」二三百萬兩。四是各地督撫認交的總數為二百六十萬兩的生息款（所生利息用於園工）。前三項無疑必須得到海軍衙門會辦大臣李鴻章的默認，第四項則是由李鴻章本人親自寫信給張之洞、曾國荃、裕祿、奎斌、劉秉璋、德馨等各位封疆大吏，佈置報效，苦心籌集。

讓我們讀一讀李鴻章的籌款信。讓我們稍稍咀嚼一些對後人來說已很生澀冷僻的詞句，聽一聽弦外之音；體味一下昔日堂堂北洋大臣在一場政治交易中面臨「付出」時的心境。

一八八八年十二月一日，李鴻章致函兩廣總督張之洞：

> 昨接醇邸來函，以萬壽山工程用款不敷，囑函各處共集款二百萬兩存儲生息，以備分年修理等語……

這是說，奕譞前一日剛給李鴻章寫信，告之工程用錢不足，讓他向各處籌集。

> ……去春在京時，醇邸即以此事相屬，當以工程太大，費用不貲，外省情形素所深悉，恐難辦

到，一再婉覆。邸謂目前海署、神機營兩處餘款暫可支用，將來事急，仍需奉商。

看來巡閱海防結束後不久，一八八七年春，奕譞就已向李鴻章開過這個口。精明的李鴻章歎了苦經，「一再婉覆」，敷衍過去。醇親王答應先用海軍衙門和由他分管的神機營的錢，但有言在先，要錢的事並不作罷。李鴻章當然深知「修園子」是怎麼一回事。慈禧垂簾之初，就因修圓明園事，與恭親王反目為仇。一八七三年，同治皇帝又想修圓明園，「以備太后燕息」，由於經費支絀，遭到一片反對，其中包括李鴻章。李鴻章在給一位大學士的信中說：「海防全未籌備……窮至如此，直無一事可辦。土木再不停工，大亂必生。」他在天津拿辦了一個打着為園工辦木料的旗號四處招搖撞騙的市井無賴，借題發揮，和重臣們一起逼使同治收回成命。現在昆明湖邊又開始大興土木，對李鴻章來說，這事的敏感程度大大甚於往昔。

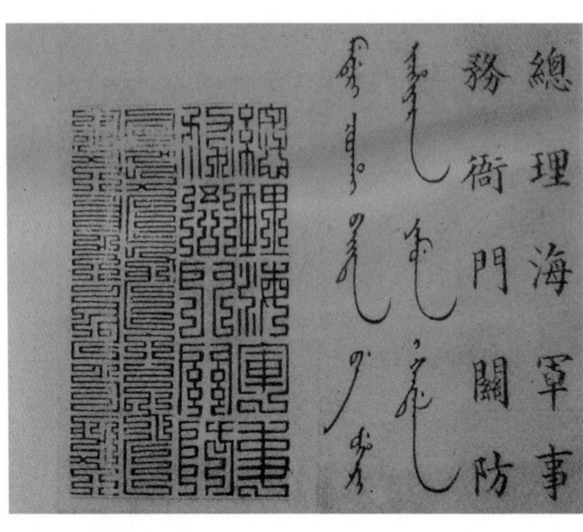

▲ 海防衙門關防

……今年二月朔日，遂見明諭，以萬壽山大報恩延壽寺為將來慈聖六旬祝嘏之所，關係典禮綦重。

「明諭」，即年輕的光緒皇帝在準備「親政」之際宣佈的那個極其重要的決定，為報答「聖母」垂簾聽政、「為天下憂勞」，使「中外尊安、羣黎被福」，將清漪園改名為頤和園，作為慈禧撤簾引退後的頤養天年之所，還將在那裏隆重舉行太后六十大壽的慶典。這是正中西太后下懷的決策，但她不能不記得以往幾次修園子的風波。於是發出一個措辭精到的「懿旨」，先稱自己垂簾聽政以來「如臨淵谷」，如今稍稍太平，並不敢為自己大興土木搞「苑囿之設」。繼而稱，「此舉為皇帝孝養所關」，自己未忍拒絕。她特別指出，好在「工用所需，悉出節省羡餘」，錢是過去省下來的，沒有動用司農（即戶部）正款，不會損害國家利益，「想天下亦應共諒」……

一個上諭、一個懿旨，其中的奧妙，李鴻章洞若觀火。修好頤和園是慈禧引退的前提。慈禧引退又是光緒真正執掌國柄的前提。這個未來，對皇父奕譞意味着甚麼？他如此賣力地修頤和園，僅僅是為了回報慈禧的提攜嗎？而這一切，對李鴻章，對李鴻章慘澹經營的海軍又意味着甚麼？

命運安排李鴻章做一個彌天大謊的製造者，讓他這海軍會辦大臣和各督撫大員，以海軍的名義，籌措園工用款。

他對張之洞說：

……重以賢王（注：即醇親王），再三諉垂，手書殷肫。我輩受國厚恩，自當竭力代謀，各盡臣子之義……

他對曾國荃說：

……自應兼體聖上四海奉養之意，乃萬世垂示之規。海軍創辦方新，百端支絀，此款儲備，亦不致過形空虛。故以海防為名，較為正大。……

這樣的信是極費斟酌的。李鴻章先把敬仰太后，為太后效命的高帽子給她戴上，然後和封疆大吏們討價還價。他聲明直隸雖窮，自己仍大力籌措，勸各位也顧念大局。他稱兩廣地區為「嶺南大藩」，稱兩廣總督張之洞——「台端魄力，雄視九牧，近古罕倫。年來文武並興，造作宏遠，大氣包舉，稱盛一時」，請他在二百萬兩中承擔一半。他又稱曾國荃的南洋「規模宏遠」，說醇親王第一對廣東、第二對江南寄予厚望，盼望能在張之洞和曾國荃處「集得大宗」。根據李鴻章的旨意，曾國荃又寫信給江西巡撫德馨，稱他「公忠體國之抱，百倍尋常」，請他無論怎樣為難，也要盡力籌款。

「海軍巨款」是各督撫在「海軍」名義遮掩下對慈禧的報效，嚴格說不是對海軍經費的挪用，而是慈禧假國防之名對地方財富的盤剝侵吞。各地報效之時，御史林紹年以「絲毫之細，無非出自小民」，「若朝廷受之，……其屬吏勢必竭民脂膏，以奉迎其上」，奏請禁止「海軍報效」。一八八九年二月二十三日，慈禧降下《嚴行申飭林紹年懿旨》：「……海軍為經國要圖，自光緒十一年創辦以來，規模略具，需款浩繁。前具總理海軍事務衙門奏准，由兩江等省，於正、雜諸款內騰挪巨款，分年撥解天津，交李鴻章發商生息。各省籌解之銀，專備海軍不時之需。其每年息銀，則以補海軍衙門放項之不敷，並無令各省督撫報效之事。該御史此奏，乃以『朝廷責貢獻，督撫肆誅求』等語任意揣摩，危詞聳聽，實屬謬妄。林紹年着傳旨嚴行申飭。」[36]

李鴻章佈置報效的籌款結果如下：

兩廣總督張之洞認籌一百萬兩；

兩江總督曾國荃認籌七十萬兩；

湖廣總督裕祿認籌四十萬兩；

四川總督劉秉璋認籌二十萬兩；

江西巡撫德馨認籌十萬兩；

直隸總督李鴻章認籌二十萬兩；

共計二百六十萬兩。[37]

這是一八八八年。是年十月，北洋海軍正式成軍。

八八年

一八八八年十月，北洋海軍正式成軍。

北洋海軍成軍以《北洋海軍章程》的奏准頒行為標誌。

依照這個章程所定的船制和官制，清政府和李鴻章任命的北洋海軍主要將領為：

提督丁汝昌（五十二歲，陸軍戰將，曾統領未成軍前的北洋水師）。

左翼總兵兼「鎮遠」鐵甲艦管帶林泰曾（三十七歲，第一屆「馬尾學生」，曾在國外鐵甲艦實習，後巡歷大西洋、地中海，在留學生中成績出眾）。

右翼總兵兼「定遠」鐵甲艦管帶劉步蟾（三十七歲，第一屆「馬尾學生」，曾在國外鐵甲艦實習，後巡歷大西洋、地中海，在留學生中成績甚好）。

中軍中副將、「致遠」巡洋艦管帶鄧世昌（三十九歲，第一屆「馬尾學生」，曾兩次赴歐接船）。

中軍左副將、「濟遠」巡洋艦管帶方伯謙（三十六歲，第一屆「馬尾

◀《北洋海軍章程》稿本

36《清末海軍史料》，頁六四四。

37 所謂「頤和園工程挪用海軍經費」問題，是中國近代史研究中的一個懸案，姜鳴考核各家之說，有詳盡的分析，參見姜鳴：《龍旗飄揚的艦隊（增訂本）》，頁二五五。

學生」，畢業於英國格林威治皇家海軍學院，曾在國外軍艦實習，巡歷大西洋、地中海、印度洋，到過美洲、非洲）。

中軍右副將、「靖遠」巡洋艦管帶葉祖珪（第一屆「馬尾學生」，畢業於英國格林威治皇家海軍學院，曾在國外軍艦實習，巡歷大西洋、地中海、印度洋，到過美洲、非洲）。

左翼左營副將、「經遠」巡洋艦管帶林永升（三十五歲，第一屆「馬尾學生」，畢業於英國格林威治皇家海軍學院，曾在國外軍艦實習，巡歷大西洋、地中海、印度洋，到過美洲、非洲）。

右翼左營副將、「來遠」巡洋艦管帶邱寶仁（第一屆「馬尾學生」，曾赴歐接船）。

左翼右營參將、「超勇」巡洋艦管帶黃建勳（三十六歲，第一屆「馬尾學生」，曾赴英國學習，登英艦實習）。

右翼右營參將、「揚威」巡洋艦管帶林履中（三十六歲，第三屆「馬尾學生」，曾赴德國協駕「定遠鐵甲艦，並資練習」，後赴英學習，畢業於英國格林威治皇家海軍學院）。

左翼中營遊擊、「鎮遠」鐵甲艦副管駕楊用霖（三十四歲，少年即入海軍，在炮艦上學習英語和駕駛，曾赴歐接船）。

精練前營遊擊、「威遠」訓練艦管帶林穎啟（三十六歲，第二屆「馬尾學生」，畢業於英國格林威治皇家海軍學院，曾在國外軍艦實習）。

精練左營遊擊、「康濟」訓練艦管帶薩鎮冰（二十九歲，第二屆「馬尾學生」，畢業於英國格林威治皇家海軍學院，曾在國外軍艦實習，巡歷大西洋、地中海、印度洋，到過美洲、非洲）。

精練右營遊擊、「敏捷」訓練艦營帶戴伯康（第三屆「馬尾學生」）。

提標都司、充督隊船大副吳應科（「留美幼童」。曾就讀美國瑞薩萊爾理工學院。回國後作為第八屆「馬尾學生」學習海軍）。

中軍中營都司、「致遠」艦幫帶大副陳金揆（「留美幼童」）。

▲ 龍旗

中軍左營都司、「濟遠」艦幫帶大副沈壽昌（「留美幼童」）。

…………

這支擁有大小二十五艘作戰艦隻的艦隊，由丁汝昌統領，受北洋大臣李鴻章節制調遣。

一望而知，這樣的將領結構在中國軍事史上前所未有。耐人尋味的是由此形成的那座標誌海軍領導關係的文化層次的「寶塔」——

第一層：滿清朝廷（對近代世界所知無多的慈禧與親王大臣）。

第二層：李鴻章（有深厚的中國文化根底，有粗淺新知識的官僚）。

第三層：丁汝昌（文化較低、有功勛資望的陸軍老將）。

第四層：劉步蟾等（喝過洋墨水的一代新式將領和其他技術人才）。

第五層：士兵（一代農民）。

中國的過渡期就是如此。如果留心一下《北洋海軍章程》，新舊更替的蟬蛻痕跡更加明顯。

在這裏，你看見了第一次正式確定的中國「萬年國旗」：長方形，黃色，中繪青色飛龍。從前的斜幅龍旗是為海上捕盜臨時確定，現在，按西洋各國的成例，中國也有了法定的「兵船國旗」。

在這裏，你看見了穿制式服裝的中國水兵形象：「凡各船水手頭目以下，俱用淺簷草帽、緊身襖褲，腰束藍色帶，襟前線縫幾等水手名姓等字，隨身各佩小刀一柄。」

在這裏，你甚至可以聽見「行軍國樂」和名為「鐃歌」、「凱歌」的制式軍樂。《北洋海軍章程》當然沒有留下一百年前的「工尺譜」，但它明文規定，「樂章由海軍衙門撰擬」，演奏時「須用中國樂器」。你可以試想，那由琴瑟笙簫合奏的海軍軍樂是一番怎樣的風味。

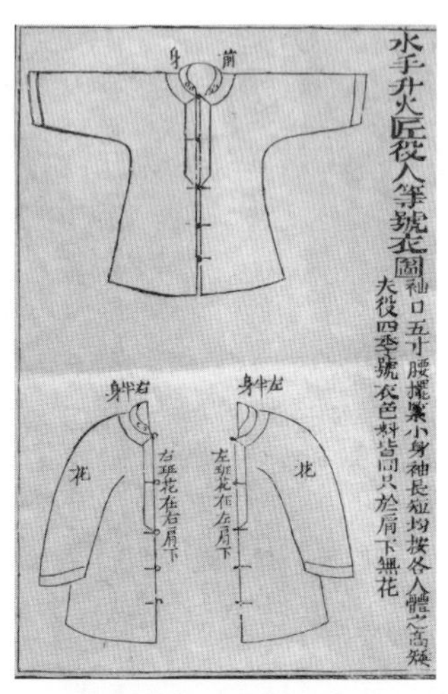

▲ 北洋海軍的士兵和裝備服飾

《北洋海軍章程》是個亦中亦西的章程。

海軍衙門在給慈禧的奏摺中開始就聲明，這次擬海軍章程，「本無成例可循」，「因時制宜，間有參用西法之處」，與以往的各種軍事制度「未能盡合」，請令兵部「免其核議」。其實，豈止是「未能盡合」？

海軍建設，除武備的購置、管理、使用外，首要問題是人才的升擢制度。《北洋海軍章程》採用英國方式，將官員分為「戰官」（指揮軍官）、「藝官」（技術軍官）和弁目（士官）三類，分三途升遷。

對文化水平的要求極嚴：僅如士官，就必須熟知「殘分小數」、「三率平方根」、「對數表」、「三角用炮表法」等。「戰官」、「藝官」則必須是海軍學校出身。學生在校四年，畢業後上練習艦實習一年，考試合格，方能成為「把總候補」，再逾一年，考試合格，送到學校「回爐」半年，這次出來，才有擔任實職的可能。軍官提拔又十分強調「海上歷練」，在每一職務上，必須執行海上任務滿三年，才能向更高一職升遷。

按照清代軍制，「提督」、「總兵」、「副將」、「參將」、「遊擊」、「都司」等本係與九品十八級官階相對應的官職，「提督」從一品，「總兵」正二品，「副將」從二品，「參將」正三品，「遊擊」從三品，「都司」正四品，以下的「守備」、「千總」、「把總」分別為正五、從六、正七。北洋海軍成軍後，艦艇官兵有從「管帶」、「大副」、「二副」……到「水手總頭目」到「當差兵匠」的完整職務序列，於是，從綠營移植過來的「提督」、「總兵」等官職就演變為官階（只有「提督」既是官階也是相當於艦隊司令的官職），官階官職相別，又較為貼近相關（俸祿是按照官階區分等級的），不像當時綠營和湘軍、淮軍濫授官階，致使軍隊內部官階與官職遠離的紊亂狀況。每一個官階的晉升都「按資推升」，從「守備」到「總兵」，每一階都須「歷外海戰船俸已滿三年」方可晉升。有論者稱此為「軍銜制的雛形」。事實上，《北洋海軍章程》規定北洋海軍的對外交往禮節，「提督」對應外國「一等提督」（即海軍上將），「總兵」對應外國「三等提督」（即海軍少將）。

《北洋海軍章程》學習英國、德國海軍制度，對北洋海軍軍官實行優酬厚遇，制定了詳細的給俸標準。其理由是「海軍為護威遠之大計，不宜過從省嗇」。這一「標準」有兩點引人注目：一是官俸和船俸。一個將領的年俸內，四成為官俸，六成為船俸。官俸依官職大小定，船俸依所帶船隻大小定。不出海帶船即無船俸。二是級差大。丁汝昌的年俸總數為八千七百多兩銀子，劉步蟾、林泰曾為三千九百餘兩，以下遞減。如「遊擊」、「都司」、「守備」三個相連的官階，官俸自高而低分別為九百餘兩、六百餘兩、三百餘兩。至兵匠月餉，最高的是燈匠（月餉三十兩），最低的是三等練勇（月餉四兩）。

至於訓練、賞罰、撫恤，《北洋海軍章程》均以「西法」為藍本。其中許多制度，西方海軍沿用至今；在百年來的中國則幾用幾棄，時鄙時尊。《北洋海軍章程》規定了嚴格的戰船紀律，軍官有「鞭責」、「械擊」違紀士兵的權力，臨陣逃脫的士兵可「斬立決」。《北洋海軍章程》還規定「不得以海戰之船為沿海督撫大員等迎送差使」。[38]你能在《北洋海軍章程》中發現的中國胎記，大概一個是《北洋海軍章程》規定「以一船為一營」，顯然帶着湘軍、淮軍軍制的影子。再者，《北洋海軍章程》竟允許船上一些軍官自帶「幕友」上船，這些人是軍艦上惟一能穿長衫的。

北洋海軍真正的中國胎記，是戰略指導思想上的傳統保守。遍讀《北洋海軍章程》，你發現它引入了那麼多西方管理制度，獨獨不見西方的海權思想。就在李鴻章陪同奕譞大閱海軍的一八八六年，美國海軍一名四十六歲的上校艦長馬漢（A.T. Mahan），奉命調入海軍大學講授歷史和戰略。北洋海軍成軍之際，馬漢那風靡全球的「海權說」正在形成。這一理論強調：

——只有保護商業航道，海軍的存在才算合理。

——海權在握，是保護自己、制約敵國的關鍵。

——海上防禦線應設在敵國港口。

馬漢第一次明確提出了海權因素在軍事、民族、領土、商業方面的一切影響。馬漢的理論受到西方各國的喝彩，他的《海軍戰略》一書，和達爾文等的著作一起，被認為是影響人類歷史發展的十六部巨著之一。

日本在清國北洋海軍成軍不久，就已廣泛傳播馬漢的海權理論。日本海軍起步之初，目標就是建設遠洋海軍。

而李鴻章和清廷確立的海軍戰略，是要塞防禦的戰略，是要用北洋艦隊的堅船利炮和陸上炮台，在中國北方沿岸尤其是渤海灣，築一道保衛京津、保衛中央政府的海上長城。所以一八八八年北洋海軍成軍之日，也正是大沽、旅順、威海形成三角防禦體系的三個要塞加緊施工之時。長城日高，隱患日深。

▲ 標有「皇家中國海軍鎮遠號」字樣的英文標誌

一八八六年秋，丁汝昌曾率六艘軍艦，過對馬海峽，去俄國海參崴，又折返日本長崎。任務是接參加中俄勘界的大臣吳大澂，實際上不無向日本炫耀武力的意味。當時日本人見到的情景：「甲板上放着關羽的像，亂七八糟的供香，其味難聞之極。甲板上散亂着吃剩的食物……」丁汝昌率鐵甲艦赴長崎進塢修理時，發生中國水兵與日本巡捕毆鬥血案。

九月十一日，上岸的中國水兵和日本巡捕發生口角，遂拳腳相加，各傷一名。九月十三日，中國水兵放假，丁汝昌嚴令不准帶械滋事。豈料，登岸後就有日本巡捕上前尋釁。不久，中國人發現街巷兩頭已被堵塞，他們被千餘名洶洶的持刀人圍住。一場惡鬥頃刻爆發：羣起的日本人舉刀追砍中國水兵，道邊樓屋上的日本市民也向中國人潑沸水、扔石塊。中國水兵死五名，重傷六名，失蹤五名，輕傷三十名。事發後，日本人衝入熊本要塞要求向中國軍艦開炮，中國軍艦上的英國總教習琅威理則想命令水兵炮轟長崎，甚至要求丁汝昌向日本宣戰，事後，還是穩重的丁汝昌制止了事態的擴大，雙方開始外交談判。

這一事件的真正原因，是長期積埋下的日本人對中國人一觸即發的仇恨。隨着中國擁有「定遠」、「鎮

38《清末海軍史料》，頁四七二。

遠」這兩艘亞洲最大的鐵甲艦，日本國民中蔓延着「恐定遠、鎮遠症」。而中國水兵顯然也以此為傲，不把日本人放在眼裏。中國方面在談判中持強硬態度，結果：中國向日本賠償一萬餘元，日本向中國賠償五萬餘元。

長崎事件的真正結果，是刺激日本人在軍事上趕超中國。

一八八八年成軍的北洋海軍，已接近世界先進水平。它的總噸位，史學界有人說佔當時世界海軍第八位。不管如何計算，那樣一支擁有七千三百噸級鐵甲艦、擁有一批留洋艦長、作戰訓練全部用英語發令的海軍，至今仍令子孫們豔羨與神往。

從馬尾算起，時間已過去二十二年。「伊毗之聲與梵唄相答」的孩子，今天已步入壯年。

八八年。

這數十年間，中國大地上發生了深刻變化。僅以李鴻章的「足跡」為例：

一八六二年，在上海創辦炮局。

一八六五年，創辦江南製造局。這個中國歷史上第一個最大的機器廠和兵工廠，還包括一個學習外國語的「廣方言館」和翻譯出版了一百五十九種、一千餘卷西方科技書籍的「翻譯館」。

一八七〇年，擴充天津機器局。

一八七二年，設輪船招商局。該局為中國第一個與洋人爭利的商業集團，它第一次打破了外國人壟斷中國航運權的局面（甚至擠垮過外國輪船公司），開創了中國輪船航運業。

一八七六年，派遣首批軍事留學生。

一八七八年，創辦開平煤礦。

一八七九年，中國第一條電報線（大沽北塘海口炮台——天津）架成。至一八八八年，電報線幾乎已遍及全國各地。

一八八〇年，設天津水師學堂。

一八八一年，中國自行修築的第一條鐵路——唐胥鐵路建成。

一八八二年，遠東第一大塢——旅順船塢動工興建。

一八八七年，開辦漠河金礦。

……

▲ 李鴻章是北洋海軍當之無愧的創始人

在歷史上，能親手主持這許多「第一」的人物不為多見。歷史在十九世紀中葉給了李鴻章和他的民族一個極其重要的機會。

馬克思論述過軍隊對於社會經濟發展的重要作用，指出大規模運用機器是從軍隊首先開始，部門內部分工也是在軍隊裏首先實行的，他說「軍隊的歷史非常明顯地概括了市民社會的全部歷史」。

李鴻章等人從軍事目的開始學習西方，結果，打開的是一個魔瓶。

李鴻章曾說過：「人生如朝露，倘及時得手，作成一二件濟世安民頂天立地事業，不更愈於空言耶？」李鴻章在七十年代給洋務運動帶來了一次質變。處處受掣肘的海軍事業，使他痛感「中國積弱，由於患貧」，悟出「自強」必須「求富」的道理。「船炮之用，非鐵不成，非煤不濟」。「欲自強必先裕餉，欲浚餉源莫如振商務」。[39]「古今國勢，必先富而後能強，尤必先富在民生，而國本乃可益國」。[40]他十分佩服德國工業史上以茅屋三間熔鐵起家的克虜伯家族，希望在中國「官督商辦」的企業中能出現善於經營的高手。他竭盡全力為他的海軍創造一個生存環境，而這種創造，不能不觸及古老大廈的根基，不能不引來

39《李鴻章全集．奏稿》，卷三十九《議覆陳啟照條陳摺》。

40《李鴻章全集．奏稿》，卷十六《試辦織佈局摺》。

那個巨大的魔鬼——嶄新的物質力量和與之相隨的文化。

他急需「求富」。他走得很遠，且極艱難。

他考慮開辦中外合資銀行。一八八七年，美國銀行因有大量閒置銀元，表示願和中國人合辦一個「華美銀行」。李鴻章即令幕僚與美國人談判，商定：銀行盈利一半歸中國，一半歸美國。此事引起戶部尚書翁同龢大怒。這位光緒帝的「師傅」、後清流黨的領袖，發動他的門生故舊一齊遞摺諫事，參劾李鴻章「目無君上」、「欺君枉法」、「喪心病狂」、「要賣國了」，使慈禧下旨中止了「華美銀行」的開辦。

緊接着引起的是參與修建津通鐵路的風波。一八七二年，李鴻章就提出了修建鐵路的主張，聞者莫不咋舌。一八七四年，他正式向朝廷建議，立遭廷臣痛詆。一八八〇年，再次提出建議和規劃，保守勢力羣起而攻之：「奈何以中國禮義之邦而下同外夷之罔利乎？」「直欲破壞列祖列宗之成法以亂天下也！」「山川之神不安則旱澇之災易招」，甚至「自失其險以延敵」。一八八八年，唐山至天津鐵路築成，準備向京城方向修築到通州。李鴻章提出，修這條鐵路，既有運兵之便，又可為海軍籌款。此議一出，輿論大嘩。包括尚書、侍郎、御史、學士在內的數十名京官一片鼓噪，堅決抵制。頑固派們認定修鐵路會毀民田、毀塚墓、奪小民生計，使操舟車之業的百姓起而為盜；鐵路將要經過的地方，也是民怨沸騰。李鴻章向朝廷

▲中國早期的鐵路，簡直可以說是李鴻章一寸一寸爭來的。

哀歎：「鴻章老矣，報國之日短矣！即使事事得手，亦復何補涓埃！所願當路諸大君子務引君父以洞悉天下中外真情，勿使務虛名而忘實際，狃常見而忽遠圖，天下幸甚！大局幸甚！」[41]

中國歷史上怪誕的一幕於是出現：在西苑（即如今的中、南、北三海）出現了一條長達三華里的小鐵路——這是李鴻章專為西太后在宮闈禁地修築的，他還向法國商人訂購了六節豪華型車廂和一台機車，獻給慈禧。因為他看出修路的關鍵在於慈禧的態度，要讓她「親試火車之便」。小火車開動了。牽引豪華列車的不是機車（因太后厭惡機器的聲響），是舉着黃幡的太監。有詩云：「宮奴左右引黃幡，軌道平鋪瀛秀園；日午御餐傳北海，飆輪直過福華門。」慈禧果然對鐵路產生了好感，但是她最後同意修築的是張之洞倡修的盧漢鐵路而不是李鴻章的津通鐵路。李鴻章被洋務集團中的另一個地方實力派摘走了桃子，他有苦難言。

這一切都發生在八八年。

八八年。這是中國近代史上承上啟下的一個重要的環。八八年。這是中國那場變革的一個關鍵的里程碑。八八年。中國第一盞電燈在紫禁城裏被點亮了。八八年。光緒皇帝即將「大婚」、「親政」。八八年。康有為呈《上清帝第一書》，未達光緒。八八年。頤和園正加緊施工。八八年。北洋海軍正式成軍——距離它的悲劇性的大覆滅還有六年。整整一百年後的一九八八年，我為它寫《海葬》。

41 《李鴻章全集．海軍函稿》，卷三《駁恩相徐尚書原函》。

八八年

一九八八年，中國的多事之年。

一月七日，京廣線272次列車發生重大火災，兩節車廂被燒毀，三十四人死亡。

一月十八日，西南航空公司「伊爾—18」型222號飛機，北京至重慶4146航班，在重慶附近失事，機上九十八人全部遇難。

一月二十四日，昆貴線發生昆滬列車重大顛覆事故。

三月二十四日，上海近郊發生列車相撞慘劇。

也恰恰是在這兩個月內，中國最大城市上海爆發「甲肝之禍」。該市三十一萬人患甲型肝炎，患病率高達百分之四點八。「甲肝」的黑潮，使這個年代沉澱下的多少總是如淤泥泛起，暴露無遺。民間有一則傳聞，說世界衛生組織要求中國封閉上海，有關部門去徵求意見。上海回答：封閉可以，上海每年上交國家的一百個億是否也同時免除？

這是傳聞。

是傳聞，才顯得沉重。

一九八八年的每一名普通中國人都被捲入了無數難題：沿海經濟戰略、國際大循環、住房商品化、政治透明度、差額選舉、民主議政、對話、「社會分配不公平」、「官倒」……八八年的中國人，對口袋裏的人民幣產生了前所未有的不安全感，他們花錢從未像八八年這樣大手大腳，大到電視機、洗衣機、組合傢俱、自行車，小到肥皂、白糖、火柴和鹽。南京街頭在剛剛興起火柴搶購風後，食鹽又引起恐慌。市井中流傳一句話：「若問改革，無言（鹽）以對。」

我相信一九八八年在中國歷史上是舉足輕重的。中國在二十世紀七十年代末再次打開大門，興起改革的浪潮。匆匆十年，是求索也是病急求醫，是創業也是苦撐危局，無數緊逼的現實問題逼使人們左奔右突；滄桑之變十億人有目共睹，新舊體制的衝突也日益尖銳。歷史走到了一條邊界線上，正如青年政治評論家吳國光一矢中的：「新舊體制交替之際，我們正在腳踩着兩隻船！而這兩隻船是向相反的方向航行的！我們的社會角色是這樣矛盾：既是舊體制的反對者，又是改革的反對者，我們只知道自己的利益——舊體制有奶給我們喝，新體制有錢給我們花，喝奶時打倒改革，花錢時打倒僵化。」也正如一些學者所說，我們已經做了那麼多的興革之事，然而舊體制的三根支柱（價格、就業、產權）還沒有拆除。可「拆除」意味着甚麼？

五月十五日，北京開放四種副食品價格。

當日，鄧小平在會見阿根廷總統勞爾．阿方辛時說：「我們要堅持改革和對外開放，現在不是收，而是要更加開放。」「這是有風險的，要迎着風浪前進，就會有波折，甚至可能犯錯誤。我們力求避免犯大的錯誤。」

五月十九日，鄧小平在會見朝鮮人民武裝力量部部長吳振宇大將時說：「中國現在是個巨大的試驗室，我們面臨的是新事物、新問題，經驗靠我們自己創造。」

五月二十四日，鄧小平在會見美國大通．曼哈頓銀行國際諮詢委員會代表團時說：「過去物價都是靠國家補貼過日子。現在我們開始過第一個關。這一個關過了，還要過其他的關，這就是最大的風險。」

風險是預料中的。八八年，中南海和整個中國在改革的風險中憂慮。

五月三十日至六月一日，中共中央政治局召開第九次全體會議，會議認為：目前中國的改革進入了關鍵階段。九年來，我們的改革有很大的進展，成績是顯著的。隨着改革的深化，現在一些難度很大又不能繞開的問題擺在我們的面前。國際的經驗和國內的實踐表明，改革的難題拖得越久，解決起來難度就越大。改革會有風險，但不進則退，退是沒有出路的。……

六月二日，趙紫陽在會見「九十年代的中國與世界」國際會議的代表時說：「價格改革總是可能是所有社會主義國家在改革中難度最大的問題。我們準備試一試，冒點風險。」

六月三日，鄧小平會見了同一批客人。他說：「中國的改革沒有萬無一失的方案。」「我們要把工作的基點放在出現較大的風險上，也準備好對策。這樣，即使出現了大的風險，天也不會塌下來。」

六月二十二日，鄧小平在會見埃塞俄比亞總統門格斯圖時說：「闖這個關有很大的風險。但我們有信心闖過這一關。敢於闖本身就說明我們有信心。闖過這一關是為下一世紀中國的發展創造條件。」

八月十六日，趙紫陽在會見日本共同社社長酒井新二時說：「現在中國已經進入全面改革的攻堅階段。」他說：「最近外電有猜測，說中共中央在北戴河開會，由於會議意見有分歧，使會議中斷，這純粹是無稽之談。事實上我們中央政治局第十次會議昨天（八月十五日）才開始。」

新華社北戴河八月十八日電：八月十五日至十七日，中共中央政治局在北戴河召開第十次全體會議，討論並原則通過了《關於價格、工資改革的初步方案》。

進入八月後，中國各地出現擠兌風和搶購風，並有越演越烈之勢。

八月三十日，李鵬主持召開國務院第二十次常務會議。會議決定：1. 明年價格改革步子不大；2. 繼續貫徹國務院關於今年下半年不出台新的調價措施的決定；3. 責成中國人民銀行開辦保值儲蓄。

九月六日，趙紫陽在會見美國出版商時說：「物價改革不能孤軍深入，要與治理環境與整頓秩序協調進行。治理環境和整頓秩序包括堵住流通領域中的漏洞，解決改革中黨政機關的廉潔問題。」

九月十六日，鄧小平在會見日本自民黨前副總裁二階堂進時說：「我們還是那個老方針，即膽子要大，步子要穩。」「目前膽子已經夠大了，所以步子要穩一些。」

九月十七日，鄧小平在會見新加坡總理李光耀時說：「中國發展的總目標不變。當前出現的這樣或那樣的問題是早已預料到的事情。」

九月二十二日，新華社報道了十五日至二十一日召開的中央工作會議提出的明後兩年改革和建設的重點：治理經濟環境、整頓經濟秩序。

九月二十六日，中國共產黨十三屆三中全會召開。會議批准中央政治局向這次會議提出的治理經濟環境、整頓經濟秩序、全面深化改革的指導方針和政策、措施。全會公報引人注目地提出：「必須有領導、有秩序地推進相互配套的全面改革」；「不理順價格就談不上真正確立新經濟體制的基礎，但深化改革又不僅僅是一個價格改革問題，而是多方面的綜合改革。」會議提出應特別注重深化企業改革，一九八九年一要進一步推動政企分開；二要完善承包制，進行以公有制為主體的股份制試點和發展企業集團試點。

一九八八年，當物價改革的衝擊波攪動起人們情緒時，另一個衝擊波幾乎同時出現。中國人在電視螢幕上看到了《河殤》。

在那些夜晚，一個陌生的聲音迴盪着——

幾千年來，中國人在這塊土地上日出而作，日落而息，因此，對於節氣這樣的大的時間觀念和春夏秋冬這樣的季節循環，特別敏感，但世世代代的生活，卻彷彿都是千篇一律地重複着。因為有上千年的歷史作為大的時間座標，中國人也習慣於把百年興衰，只看作是歷史長河的短暫的一瞬間。盛衰的交替，猶如冬去春來。多麼重大的社會變動和人間災難，也似乎是過眼煙雲。世界上沒有哪個民族像中國人那樣具有深刻的歷史感，但同時，也都不像中國人那樣奉行着一種獨特的、聽天由命的生命哲學。

變法之艱難，或許就難在我們總在擔心中國人還是中國人嗎？我們似乎並不知道，在以往西方的二三百年裏，不論是文藝復興、宗教改革，還是啟蒙運動，西歐人至少從未擔心過，在改革之後是否會變成不是意大利人了、不是德意志人了、不是法蘭西人了。惟獨在中國，這是最大的忌諱。

黃河來到了偉大而痛苦的入海口。

滾滾千里泥沙，將在這裏沉積為新大陸。

洶湧澎湃的海浪，將在這裏同黃河相碰撞。
黃河必須消除它對大海的恐懼。
黃河必須保持來自高原的百折不撓的意志與衝動。
生命之水來自大海，流歸大海。
千年孤獨之後的黃河，終於看到了蔚藍色的大海。

《河殤》的問世和圍繞《河殤》展開的激烈爭鳴，是八八年中國最重要的政治文化現象。人們的興奮、惶然、激憤、不安匯合在一起，真實記錄了八八年中國的社會心態。

贊同者認為《河殤》「那宏觀、深刻、真誠的文化的反思」，再次提出了中華民族向何處去的問題，把思想界的成果推向了全社會，是一部反映社會問題、民族命運的作品，在整個思想文化史上都應佔有一席地位。

《中國青年報》發表署名文章，批評《河殤》「飛揚的文采掩蓋了解釋方法的缺陷，鼓盪的激情模糊了探究視線」。它認為《河殤》以西方文化模式為標，測度中國的文化模式，以見得後者的愚昧和落後，這反映了「一種狹隘的文化觀」。

《經濟日報》發表署名文章，肯定《河殤》創造了一個詩與史、哲理與政論的認識世界。同時《河殤》的文化反思有失偏頗。如同一些青年思想家主張的那樣，文章認為「從改革和開放的多年實踐看，最重要的還是改變幾十年來對於社會主義的僵化的『烏托邦』式的看法，所謂某些傳統觀念如平均主義、閉關鎖國以及輕商思想相呼應的『官本位』等等，並不單單是一種歷史的遺留」。

八八年第八期《求是》雜誌發表田本相的文章指出：「《河殤》的批判理性是相當嚴峻而沉重的，好像作者帶着灼心的劇痛在拷問黃河、拷問着歷史、拷問着民族，也拷問着人們的靈魂，更在拷問着自己。它在進行一場嚴肅的民族自我批判。」

同期刊物上發表了戚方批評《河殤》的文章，文章批評了「要麼肯定一切，要麼否定一切」的思維的方法，認為它是「中國現代革命史上左傾機會主義的思想基礎，給中國革命帶來了極大的損失。這種絕對化、極端片面化的登峯造極的發展就是『文化大革命』」。

十月二十日香港《明報》載文，不同意《河殤》的論點，文章寫道：「如果以為自己是文化先知，在作中西文化的價值審判，宣佈中國文化死刑，西方才是出路，那就不止狂妄，而且危險萬分。」

南京大學原校長匡亞明認為：目下有一種民族虛無主義的思潮甚為盛行。《河殤》即其一例。

十月底十一月初，全國各大報引人注目地幾乎同時刊登著名科學家、美籍華人李政道、楊振寧兩先生對《河殤》的文章和談話。李政道在題為《讀〈河殤〉有感》的文章中說：「中華民族的文化發源於黃河。當黃土文化移入了長江區域，使長江居住的黃人結合了北方的黃人。黃河的黃水流入了大海，使海外的華人也永遠接連了這偉大的河流。」他指出：「在科學上，二十世紀是量子力學的世紀。但是，量子力學是由經典力學演變而成。沒有過去的經典力學就不會有今日的量子力學，不懂得經典力學，就不可能了解量子力學。同樣地，一個只依賴過去的民族是沒有發展的，但是，一個拋棄祖先的民族也是不會有前途的。五千年的黃土文化值得我們驕傲。」他希望黃帝的兒女們要「建立自尊自信」。

楊振寧談傳統文化及《河殤》的觀點，是在南開大學新生入學典禮儀式上發表的。楊振寧說，中華文化傳統是世界最悠久的文化傳統之一。中國的文化傳統是西方人非常羡慕的，因為它裏面有非常良好的部分，教育傳統就是其中之一。當然任何一個幾千年的傳統，任何一個幾億人的歷史背景，不可能純粹是好的，其中有許多複雜的成分，對此是要討論的。從這點上講起來，我個人覺得《河殤》可以激發大家去思考，激發大家去研究，激發大家去反思。這個電視片裏討論了三個象徵，都是中國傳統的象徵，是中國歷史的象徵，是中國民族的象徵：一個是龍傳統或龍文化，一個是長城，一個是黃河。我想全世界都承認，這三者是中國傳統的象徵。在這個電視片裏，我最不能接受的是，把這三個傳統都批評得一無是處。這個電視片認為，如果不把這種傳統拋棄掉的話，中國就沒有希望。我認為這是大錯的。

與此同時，十月三十日《參考消息》刊登梁厚甫的《河殤》觀後感。梁文認為，「中國久亂不治，我曾花了半生的時間來研究其原因。到現在，我初步的結論認為，中國之久亂不治，與政治制度的關係較少，而主要的原因，在於中國的消極文化。所謂中國的消極文化，即是老華僑們在外國人前邊自詡為五千年光輝璀燦的文化。事實上，這是甚麼樣的文化呢？這實際是『犬儒主義』的文化，自然是世界上消極文化之一種」。

這就是中國的八八年。

當《河殤》以驚世駭俗的語言縱論「蔚藍色文明」和「黃色文明」的時候，八八年，海洋問題首先不是作為一個歷史文化問題，而是一個現實利害問題，擺在中華人民共和國面前。

八八年，各主要海軍國家的軍艦雲集硝煙瀰漫的海灣地區進行「護航」。海灣，一艘不明國籍的炮艇襲擊了無海軍護航的中國商船。

八八年，南中國海的海底石油資源遭受到日益嚴重的被「列弱」（不是列強！）掠奪的威脅。由於越南搶佔南沙羣島的十餘個島礁，中國海軍與越軍於三月十四日發生武裝衝突。

中國軍隊從未像八八年這樣，給海洋以如此焦灼的關注。

一九八八年八月二日，南沙永暑礁建成海洋觀測站。這是中國行使主權在南沙建立的第一個海洋觀測站。

一九八八年九月二十七日，中國核潛艦水下發射運載火箭成功。

北京的高級將領聚集在京西賓館，聽關於南沙問題的專題講座。國防大學的學員，在熱烈討論「海軍戰略」。軍報發表多篇文章，闡述新的「海洋觀」、「海洋經濟與蔚藍色戰略」。連陸軍的集團軍軍長，也在學術刊物上撰文參與中國海軍發展問題的討論。

一九八八年，我在寫《海葬》。

我在寫一百年前的變革。

一九八六年一個初夏的晚上，一羣來京參加政治體制改革研討會的上海朋友聚集在我的宿舍，慷慨激昂地談論「企業家集團」、「知識分子獨立人格」，話題不知怎麼移到了軍事改革，移到了中國近代史。畢業於上海復旦大學歷史系的姜鳴——一個機敏的小伙子，突然談起了馬尾，談起了劉公島。我的心驟然沉重，不是為了那場悲壯的覆沒，而為一個新生命的曾經誕生。長達兩年多的追尋就從那個夜晚開始。

歷史是現實和過去永無止境的對話。

我們都不是考據家。博學強記的姜鳴不是，我的朋友王蘇波（海軍軍事學術所研究員、《清末海軍史料》編輯）和許華（軍事博物館古代戰爭、近代戰爭館編輯）也不是。工作在上海市委組織部青年幹部處的姜鳴，這兩年正忙於「政治體制改革」工作。常常地，白天為「領導幹部實績考核」、「後備幹部隊伍建設」而滿城奔波，夜晚又鑽入書堆，回到一百年前的人事氛圍中去。他沒有當過一天軍人，卻已發表了十幾篇關於北洋海軍的論文，內容遍及海軍戰略、訓練、經費、指揮員素質等諸方面，編寫了數十萬字的《中國近代海軍史事編年》，還與船廠的專家一起為軍事博物館設計製作了「定遠」艦模型。在參加編輯完畢《清末海軍史料》和《民國海軍史料》這兩本大書之後，我們中間談鋒最健的王蘇波，成為戰略研究的健將。他和我的談話，話題每每在北洋海軍和當代軍隊改革間穿梭蹦跳：「一八七四年海防大籌議」、「軍隊改革大論證」、「鐵甲艦……」、「航母……」，朋友中大概只有許華是學歷史又幹歷史的。可是，當我星期六晚上住到他的連級幹部小平房裏，查閱《李文忠公全集》、《洋務運動》，緊張攻讀之餘，吃着他給我做的「夜宵」榨菜雞蛋麵條時，我們說起的，依然是屬於八八年的中國軍隊的難題：改文職，評職稱，軍人經商，虛假風氣，軍紀鬆弛現象，……中國的百年史，就這樣濃縮在一個個普通人的生活裏。我們雙腳如此和諧地踩在歷史和現實混合為一的厚厚沉積物上。

一個冬日的下午，我和姜鳴走出故宮東華門，忽然一致決定：去尋找「總理海軍事務衙門」舊址。

我們穿過熱霧蒸騰的風味小吃市場，從力生體育用品店和郵票公司附近過王府井大街，過吉祥大戲院，在金魚胡同、校尉胡同一帶轉圈。我們知道，這一帶在晚清居住過許多著名政治人物；也曾聽說，位於煤渣胡同的海軍衙門，後來成了軍隊的一個招待所。然而這招待所，在煤渣胡同遍尋不得，校尉胡同倒有一個。我和姜鳴掏出證件交給門衛：「能讓我們進去看看嗎？」「看甚麼？」「這裏面是不是有兩顆老槐樹？」「這沒樹。」我們悻悻地走開，向胡同裏的每一個老人詢問：「你知道從前的海軍衙門嗎？海軍衙門，也就是醇親王的神機營衙門，你知道嗎？」我們沮喪。每一個人都茫然地搖頭。一百年了。甚麼東西都會面目全非。我們步入一條名叫冰渣胡同的小路，因為我看到了一段顯得考究的老牆。沿着牆走，我們看到的是一扇褪色的木質大門，門上掛着「校尉小學」的招牌。「請問，這裏是從前的海軍衙門嗎？」我們面前一個白髮老太太，只是木木地笑，甚麼也沒聽見。有位正捅爐子的老師走來，說了句：「這兒，從前是賢良寺。」

我們的耳邊像炸了一聲雷。我們沒有找到海軍衙門，卻意外地來到了李鴻章的故居。

是的，賢良寺，同、光年間李鴻章每次入京晉見都住在這裏，這裏是他在甲午戰爭後貶職閒居之所，以後的《辛丑合約》也在這裏草簽。在這裏，他草擬電文，會見外國使節，憂心忡忡地散步，直到憂鬱憤懣而死……如今，賢良寺被擠擠挨挨的簡易房包圍着。衰敗的院子雜亂地堆放着破桌椅爛鐵爐，瓦上疏草瑟縮。暮色漸漸地濃深了，一鈎冷月掛在老柏樹的枯枝上，寒鴉的叫聲嘶啞而淒涼，更使這古老的寺院顯得蒼涼。

「那是甚麼工地？」

「王府飯店。中外合資。」

「是旅遊飯店？」

「啊，聽說是五星級……」

「誰辦的？」

「不知道……那塊地皮上從前是軍隊的招待所。」

「軍隊招待所！」我們差點喊出聲來：「那不就是從前的海軍衙門嗎？」不錯！大工地的正南方向，就是我們來回走了好幾趟的煤渣胡同。

說不清心裏是一種甚麼滋味，我們仰望着海軍衙門——百年後的「王府飯店」，只見這座即將竣工的摩天大樓，在探照燈的照射下，通體閃着銀光，巍然聳入夜空。橘黃色的巨大起重機上，寫着三個大大的日文字：熊谷組（不用說，這個豪華飯店是請日本人幫助施工的）。

這裏是一百年前指揮大清北洋海軍的海軍衙門。此刻正是八八年。

八八年，賢良寺內校尉小學的宣傳欄裏，張貼着日本友人笹川良一在國際消防聯合會組織的表演會上

▲ 落成後的北京王府飯店

▲ 二〇〇四年，李鴻章故居賢良寺還剩下一個小小的院落。筆者從和平飯店高層拍下了這張照片。

◀ 一九八八年的劉公島

檢閱消防隊員和中國兒童的照片。

八八年，中國和日本的海洋調查船聯合調查了從中國東海到日本本州南部的海水水溫和鹽分佈情況，聯合繪製了海洋環境圖。

八八年，日本的國防預算比上一年增加百分之五點二，再次突破國民生產總值百分之一，達三百億美元，軍費開支總額已躍居世界第三位，僅次於美國、蘇聯，大大超過中國。日本海軍已擁有五十八艘驅逐艦、巡洋艦、護衛艦和十四艘潛艇，並在研究「輕型航空母艦」問題。據報載：日本用三年多的時間、花費二億三千六百萬美元來加固日本最南端的兩塊面積不大的礁岩，以防它們在自然侵蝕下消失。如果它們消失，日本將失去擁有其周圍二百海里的經濟區域權。日本外務大臣宇野對東盟國家外長表示：「日本是一個經濟大國，但是它決不會成為一個軍事大國。我們想利用我們的經濟實力為世界和平做出貢獻。」

八八年，中國上海出現「洋插隊熱」。姜鳴上班路過日本駐滬領事館，一段時間內幾乎天天看見辦簽證者排成的長隊。那些已等候一夜的人，披着棉襖，蜷縮在板凳上，高價兜售《赴日自費留學指南》的人，在隊伍中叫賣。據報載：多數所謂「自費留學」者，在日本賣苦力，其甚者，女的去紅燈區陪客，男的去高層住宅背屍體。一些準備去闖東洋的上海人說：賺筆鈔票回來，一輩子可以不做生活（工作）了！

八八年，我去威海採訪，煙威公路上奔馳着一輛又一輛日本轎

▲「要照相嗎？」「要照相嗎？」

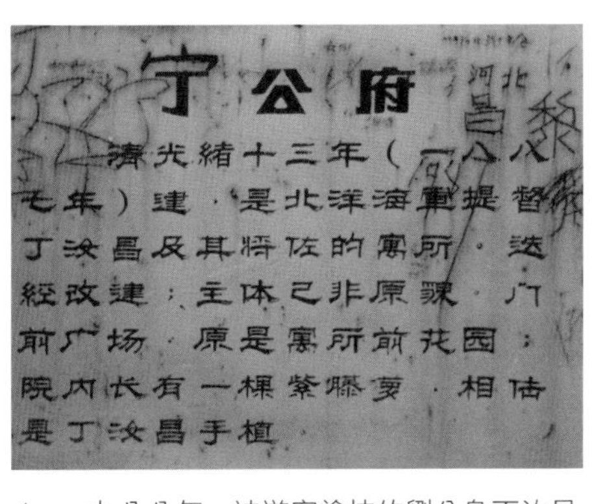

▲ 一九八八年，被遊客塗抹的劉公島丁汝昌故居介紹牌。

車、日本客車、日本卡車。一輛模樣古怪的小密封車閃過，上面畫着一隻模樣古怪的兔子，斜書着四個日本字：「佐川急便」。下面的中國字寫着：劉公島酒家。

中國海軍的恥辱之地，如今已被闢為旅遊區。劉公島上，雨後春筍般地出現了「北洋飯店」、「北洋照相」，「北洋」成了商品經濟中的活招牌。

修飾一新的是「北洋海軍提督署」——當年的北洋艦隊司令部。

「啊，這座廟挺漂亮。」遊客在問：「甚麼廟啊？」

「海、軍、公、所……」有遊客在門匾上讀到了有李鴻章題名的字，「李鴻章？這名字挺熟……這不是一個大漢奸嗎？」

遊客熱熱鬧鬧走進「甲午中日戰爭陳列室」，空蕩蕩的屋子裏有些圖表，有些照片，有些昔日水兵的衣物。講解員姑娘那抑揚頓挫的認真的聲音，使多數遊人不耐煩，他們不等聽完就湧向「蠟像館」，看蠟做的丁汝昌、林泰曾、劉步蟾。看那些鼻子眼睛如何「做得像真的一樣」。剩下來還能吸引人的，只有「兵器室」了。那裏面沒有北洋海軍的軍械，陳列着一些「三八大蓋」（一種日本步槍）之類的槍炮。據說，這是省上一位領導來參觀時覺得內容「太單調」，讓把「咱省打『鬼子』打『老蔣』繳獲的傢伙」搬了進來。

「嗨，五毛錢就看這個！」

每天，人們匆匆進去，又匆匆而出。船開走了，劉公島一片沉寂。

我在這座沉寂的島上默默地走着。海軍營房，一羣還未戴上領章的新兵懶洋洋地蹲在牆根曬太陽。一個手裏拿着一件軍官服的軍官和一個背照相機的女人走來。

軍官喊：「要照相嗎？要照相嗎？穿軍官服的，一塊錢一張！一塊錢一張！」

陪着我的一位當地人說，男的是團裏政治處的幹事，女的是他剛隨軍的待業的妻子。他問：「聽說現在軍隊都興搞經營搞『創收』？」

我無言。

這裏是一百年前大清國北洋海軍的基地。

那座已有一百年歷史的鐵碼頭還巋然屹立着，目睹着人世滄桑。

深夜的海邊。黑色的海水凝固着。不是靜謐，是壓抑。無浪的大海，瀰漫一層死氣，令人窒息。我不知道為甚麼感到難受。一百年了，還是這片黑色的昏沉沉的海水；還是那個驚不破的漫漫的長夜！

逝去的一切永遠逝去了。逝去的一切無時無刻不與我們如影相隨。無論我站在威海衞還是旅順口，我都無法擺脫那種莫名的沉重感。歷史活着。歷史是一雙時刻注視着現實的眼睛。

「照相！照相！這地方有塔有炮！有塔有炮！塔是日本人的表忠塔，炮是李鴻章買來的德國炮！」

我又聽見了那個蒼老的聲音——

旅順，白玉山上，老人晃着一本彩照集，向每一個過路的遊人吆喝。

「你不是照相的吧？小伙子。」他指指我的相機。

「我是學歷史的。」我盯着他粗糙的古銅色的臉膛，「你也不是照相的，老同志。」

「我有執照！」

我看了一眼他放在路旁的鏡框。營業執照上的相片果然是個威武的軍人。他也看了一眼那照片，不無尷尬地笑了笑。後來笑意消失了，老頭發出一聲輕輕的歎息。他的臉色變得嚴肅起來，嚴肅中透出某種神聖。他將身體靠在那門古炮上，手指向山下那波光耀眼的旅順口。

「不瞞你說，退休前，我是×××潛艇的老艇長。」

這是一九八八年的中國。

這是一九八八年的海軍。

當我提筆寫作《海葬》時，我常常想起我的朋友張召忠的那段經歷：三年前的一個夏日，他和同伴們匆匆趕向廣州黃埔港——一艘航空母艦，一艘真正的航空母艦，像座小城似的從天而降。他們在灰藍色的龐然大物前站住了。「墨爾本號」。廣東省向澳洲買來的「廢鋼船」，只花了幾百萬美元。這是一艘完全可以繼續使用的航空母艦，至少可以做一條高檔次的訓練艦。但按國際間規定，「廢鋼船」嚴禁繼續服役，必須在賣方的監督下拆毀。這艘航母的死期就要來臨了。張召忠和他那些以研究海軍裝備為畢生事業的年輕同事們，頂着炎炎烈日，在「墨爾本號」的甲板上久久地徘徊，久久地徘徊。航空母艦。中國沒有航空母艦。連印度都有了兩個航母編隊。中國沒有航空母艦。

我還要全文抄錄一個孩子的作文。我覺得，作文中那一對孿生兄弟稚嫩的爭執聲音，和我們的民族在八八年的一切痛苦、憂慮、焦躁、希望，是那樣緊密地貼合在一起，使人不能不為之動情——

哥哥，你錯怪了我

南京市許府巷小學

六（2）班劉江來

一天中午，我回家後和哥哥辯論起海軍方面的事來。我說：「中國現在雖然海軍很強大，

▲ 一九八八年，中國人民解放軍成功發射潛艇導彈（喬天富攝）。

可是沒有高級艦艇，如巡洋艦、航空母艦一艘也沒有，潛水艇才二十幾艘。而美國戰艦近五百艘了。」哥哥說，「中國沒有航空母艦，這我承認，可是……」他突然聲音高起來，「你怎麼知道中國沒有巡洋艦？中國有巡洋艦，潛水艇也很多。你這樣說是看不起中國，貶低中國，是賣國的壞蛋」。我也理直氣壯，「誰是賣國的壞蛋？有就是有，沒有就是沒有，要尊重事實」。

「有！」「沒有！」這時妹妹跑過來幫哥哥的腔，「你就是要到美國去，在中國說美國好」。吃午飯時還告訴爺爺說我說美國好。我氣死了。

我並不是說美國好中國差，恰恰相反，我只想說明我是愛國的。

哥哥，你錯怪了我，我愛的就是祖國。

這就是北洋海軍成軍一百年後的中國。

中國，又一次走到歷史十字路口。

「歷史確實是面鏡子」，姜鳴在給我的信中寫道，「在最近十年中，我們飛快地把過去一百多年所走過的道路又回溯了一遍。當我們從鏡子裏看到這樣一種影像，便不禁啞然失笑，接着是深深的反思。一百多年來，一代又一代中國人在探索着、討論着、衝擊着，這樣的過程還要延續下去。作家的筆應當如實記下這種拚搏，而歷史學家還要從正面到背面，去剖析發展的規律。搞歷史的人，有時很豁達，說，哦，哦，這事，古已有之。有時又很苦悶，覺得路太難走了，中國太苦了，怎樣才能走出周而復始的循環，進入幸福的樂園呢？……」

八八年。

古老的昨天正艱難離去。

九十年代就在眼前。

「太平廣記」

十九世紀的中國，在從八十年代走向九十年代的時候，對於世紀末將發生的大劫難毫無知覺。中法戰爭是近代中國在對外戰爭中惟一沒有付出「割地賠款」代價的例子。這種不大不小的災難，對中國卻形成了有利於振興的「適度挑戰」。一八八五年之後，成立海軍衙門，「大辦」海軍，發展經濟，一個新的「勵精圖治」時期似乎到來。

然而，對於中國的事情，有時倒是外國人在一邊看得更明白。一八八五年十二月，日本廢除太政官，創立內閣制，天皇召集的第一次「廷議」，就是以「對中國的戰爭宜緩宜急」為題的國策辯論。黑田清隆等「急進派」主張「三年中速取朝鮮，與中國一戰」。理由是：中國自中法戰爭之後，「於海陸各軍，力求整頓，若至三年後，日本勢必不敵」。「緩進派」伊藤博文卻認為日本還弱，「此事萬難冒昧」。他說：「所說三年後中國必強，此事不必過慮。現當中法之戰剛剛結束，他們似乎奮發有為，一二年後，則又因循苟安，誠如西洋人所說，中國又睡覺矣。倘若此時進攻中國，是催其速治。諸君不見，中國自中俄爭端（注：伊犁問題）後開始設電報線，自中法戰爭後開始建立海軍，若平靜一二年，言官必然又要指責變更，謀國者又不敢辦事。即使是這些執政大臣，腹中經濟，也只有數千年之書，據為要典。」伊藤進諫：現在，一面與中國和好，一面速節冗費，趕添海軍，三五年後再發動進攻。[42]

這些話中國人沒有聽到。

中國又像六十年一甲子似的循環進了一個太平年代。

九十年代初，京城的達官貴人們最時興的事是「觀劇」。當時正是皮黃和秦腔的全盛時期，王公貴族

42 李則芬：《中外戰爭全史》（台北：黎明文化事業公司，一九八五年），卷八，頁八二二。

們，「酒醴笙黃，月必數數相會」。也許這種時風，與從小嫻熟皮黃的慈禧不無關聯，她那時最關注的事之一，就是在頤和園內修築三層戲台和三層鼓樂殿。與「賞戲」一同盛行起來的宴飲之風，當時也風靡京城。不知中國烹飪藝術的發展史，是否為那年代立下一塊里程碑。城裏的士大夫們，常常借一個題目，設宴招客，竟能使「樞王以下，相率赴飲」，夜半更深，杯盤狼藉之時，被稱為「投金暮夜」的另一場好戲便開場。

▲ 中國人又朦朧地睡着了……

有論者說，光緒年間的清宮，是中國歷史上最大的賄賂場。這種賄賂公行，有約定俗成的標價，首先是身處賄賂場中心的王爺和軍機大臣們，他們因各自權勢的強弱而被標定了身價。要走軍機處的門子，第一步是要被「引見」。而引見就得用銀子敲門。據說，中法戰爭之後上台的軍機處，五位大臣收賄的數目不同，道謝方式也有異。那個木訥寡言，無主張，聽使喚，被叫作「老媽子」的額勒和布，其門人跡罕至。那個年事已高，日事遊宴，不問大事，被叫作「老蒼頭」的張之萬，見一次須送一百兩，張見面三道謝。那個正得西太后信任，應對敏練，如傳話「丫頭」的許庚身，見一次須送二百兩，許見面道謝。禮親王世鐸雖遇事隨人後，主意不多，被稱為「盲叟」、「跟班」，但由於他是領班軍機大臣，他的價是三百兩，而且可以「道謝而不見面」。價最高的是孫毓汶，他當時正紅，為太后所倚重，外號「跑上房」，故叩他家門一次須有六百兩銀子，他還無須道謝。然而，所有這些王大臣們，如進宮見皇帝和太后，又得向太監行賄，名曰「宮門費」。[43]

這是一個歌舞昇平的年代。

我查閱卷帙浩繁的《光緒朝東華錄》——一部以宮門抄、邸抄等官方文件所組成的政治史，從連篇累牘的奏摺、諭旨中去追蹤那個年代執政者的政跡和心機。從一八八八年北洋海軍成軍，到一八九四年甲午戰爭爆發前，這六年間，對清廷來說最緊要的三件事是治安、救荒、廉政。這也是大一統的中華帝國統治者，做了一千多年的事。

且看治安。太平天國和捻軍兩次起事之後，有大量武器散落民間。《光緒朝東華錄》稱「伏莽未靖」，「盜風日熾」。吉林「馬賊」、金沙江「川匪」、江蘇「湖匪」、湖南「會匪」、湘粵邊界之「匪」、南海海盜，彼伏此起，使清廷四處追剿。此外，各地「教案」（殺洋人燒教堂之事）和「毀電杆案」屢見迭出。貴州、陝西、甘肅發生多起聚衆拔毀電杆事，致使軍事電報中斷。沿海電報線也屢屢被竊。為此刑部奏稱：照盜毀官物例治罪，地方官緝捕不力者也要革職拿辦。

且看救荒。一八八七年黃河決堤之後，六年間並無更嚴重的災害。但如常年一樣，廣闊的國土上蝗災、地震、水患時有發生。當李鴻章為北洋海軍而費盡心機之時，直隸境內的水患也在不斷困擾這位直隸總督。李的許多奏摺，都和永定河、滹沱河的災害有關。他所管理的事務如此繁雜，從修居庸關、派人去口外買戰馬到防汛救災；以致有人奏稱李鴻章精力不濟，應另派大員協助治河。

且看廉政。至少在官方文告堆裏，你能斷定這個「道德治世」的天國，是把「紀綱日弛，風俗日壞，禮樂日廢，軍政日敝」的腐敗現象看作洪水猛獸的。大量的公牘往返是關於「彈劾」與「核查」——各地對貪官污吏的揭發和朝廷的查實、處分、革弊措施，無休無止。

三件緊要之事使清廷耗費了多少人力物力，耗費多少用於運籌與決策的時間。那六年，本是中國自第二次鴉片戰爭後開始的緩慢變革的一個關鍵時期，對中國的生存與發展命運相關。但是遍讀《東華錄》，給你的感受是：古老的帝國依然循着慣常的節奏，周而復始地重演着由治到亂、由亂到治的舊事。

在海軍成軍後不久就開始親政的年輕君主光緒，他在幹甚麼？

43 鄭天傑、趙梅卿：《李鴻章與中日甲午戰爭》（台北：華欣文化事業中心，一九七九年），頁二三〇。

▲ 彼得大帝　▲ 光緒皇帝

把光緒皇帝所處的年代上溯二百年，俄國出了一位著名君主彼得大帝。兩位君主有相似之處，更多的則是天壤之別。在對比中我們對歷史人物會有更深的理解。[44]

彼得十歲登基。在一片歡呼聲中，他被扶上了顯得太大的御座，人們列隊從他面前走過並親吻他的手。

光緒四歲登基。這個正在熟睡的孩子，被人套上蟒袍補褂，抱上了暖輿，迷迷朦朦地抬往紫禁城。

彼得登基後，由生母納塔麗亞攝政。光緒登基後，由兩宮皇太后垂簾聽政。

光緒從登基到親政一直平安無事。彼得則經歷了一場暴風雨：姐姐索菲亞煽動篡權，他和母親被驅逐出克里姆林宮，曾隱居到莫斯科郊外。

光緒孱弱。兒時得過一場使他幾乎斃命的痢疾。他略有口吃，膽怯，幼年怕聽雷聲。

彼得健壯。他在被放逐期間，享受了足夠的陽光和空氣，長成後的他，身高近七尺，膂力過人。

這是一六八八年——中國北洋海軍成軍的整二百年前，十六歲的彼得在郊外居所的貨棚裏發現了叔父留下的一艘舊船，立刻吩咐木匠們修好，配上帆具，在牙烏茲河下水，學習駕駛。這艘小帆船後來被稱為「俄國艦隊的始祖」。

彼得在兒時最愛聽俄國軍隊驍勇善戰的故事。

光緒兒時學的是中國的為君之道。

一八七六年三月十六日，是光緒的「開蒙第一日」。毓慶宮裏，這五歲孩子向他師傅翁同龢行禮後，翁同龢寫下「天下太平」、「光明正大」八個字，握着那隻團團小手，在朱書紅格紙上描摹。然後，拿出黃綾硬裱裁成的「帝」、「德」二字，教光緒誦讀，並給他講「帝德如天」的道理。最後，為小皇帝講解《帝鑑圖說》和《三皇五帝》。光緒書桌西側牆上，掛着他的生父醇親王奕譞為他書寫的座右銘（七律二首），其中有這樣的句子：「見善則從過勿飾，義為人路禮為門」，「簡篇要鑑興衰跡，舟楫全資內外臣」。

光緒長大了。空空蕩蕩的金鑾殿裏，坐着這清秀而瘦弱的君主。懋勤殿的御案上，放着為他準備的各類古代經典、漢學經說，甚麼《天祿琳琅書目》、《昭明文選》、《列朝聖訓》。

光緒和彼得都是有雄心的君主。

彼得在十七歲那年戰勝了歹毒的索菲亞。這個膚色發黑、牙齒潔白的魁偉男子，回到克里姆林宮前歡呼的人羣中，重新執掌國柄。他立志改造貧窮落後的俄羅斯帝國，讓俄羅斯吸收西歐文明。他派出貴族子弟出國留學，二十五歲那年，自己化名「彼得·米哈伊洛夫」，隨一個規模龐大的使團去荷蘭、英國、德意志等地訪問學習。他在荷蘭學習造船，幹得雙手是繭。他在英國旁聽上議院的會議，對英國的政治制度有了親身體驗。彼得在歸國後歡迎儀式上，出人意料地操起一把剪刀，剪去了一位元帥和一位公爵的大鬍子——他那轟轟烈烈的軍事改革、經濟改革、政治改革就從這個剪除俄羅斯陋習的一刀開始。

光緒是自嘉慶、道光、咸豐、同治以來最勤勉的皇帝。他的臥榻旁，懸掛着康熙和乾隆兩位大帝的畫像。他們的業績，就是他奮鬥的夢境。他希望成為一個「有道明君」，在中國再現康乾盛世。

他令將清世祖的《勸善要言》一書譯成漢文，發給李鴻章等重臣人手一冊。他親手整飭朝政，力圖挽回世風。據說，他曾親自面試了一個由慈禧遞條子準備派往四川鹽茶道的人，發現是個目不識丁的傢伙。

44（法）特羅亞：《彼得大帝》（天津：天津人民出版社，一九八三年）；葉林生：《光緒皇帝》（合肥：黃山書社，一九八五年）。

仔細盤問，原來是北京西直門外最大的木匠舖「廣隆號」一個花錢買官的老闆，光緒怒不可遏，當即將此人罷免斥退。他當皇帝，決不容忍官風士風大壞到如此田地。

光緒當然明白，他已置身在一個國門大開的時代。翁同龢給他講解馮桂芬的《校邠廬抗議》和魏源的《海國圖志》，使他知道酌古準今、隨宜變通的道理。他不溺於故常。在紫光閣接見外國使節，允許行免冠鞠躬禮。他從親政後即開始學習英語，每天中午由同文館的英文教師來教習。光緒的英文書寫漂亮，只有發音欠準（據說慈禧聽光緒唸英語很有趣，也去學過兩回，因實在學不會而作罷）。

光緒對世界的了解遠不及彼得。

光緒對權力的控制也遠不及彼得。

光緒親政後，慈禧撤簾引退，間斷地住在頤和園。這使光緒要把大量時間耗費在從紫禁城出西直門，經高梁橋去頤和園的長長路上——他必須常去向太后請安。從光緒見太后便戰慄、不敢自主的記載中，可見梁啟超所說「歸政後一切用人行政仍出於西后之手」不為誇張。但慈禧畢竟是退勢。地位顯赫的醇親王奕譞，表面上對慈禧唯唯諾諾，把持一個「沒有慈禧的慈禧政權」，但他手裏已抓住了李鴻章的洋務勢力和軍事實力，又有皇帝生父的特殊地位，他是處在進攻態勢。光緒是弱小的，他在政治上完全沒有控制這個國家的能量。

然而到了一八九一年初，奕譞忽然因病而逝。毫無疑問，光緒面臨着歷史的機遇：這個已開始有新思想的君主，應當倚重洋務派，應當讓李鴻章和海陸軍成為他的力量。

歷史偏偏沒有這種邏輯的必然。

有兩個人在制約着他：

一個是他心愛的女人珍妃。在愛情生活上，光緒的壓抑也和彼得的自由放蕩形成對比。光緒幼年無母子之親，成年無夫婦之愛。不滿的婚姻使他疏遠由慈禧指定的孝定皇后而專愛珍妃。珍妃的活潑、伶俐、大膽、活脫脫就是幾十年前的那個懿貴妃。她甚至可以放肆地站在光緒的御座邊，代光緒批覽奏章。慈禧從珍妃身上看到的，不是別人，恰恰是她自己。光緒和珍妃的關係成為「帝」、「后」矛盾的導火線，慈禧和光緒的衝突日益尖銳。光緒開始撇開慈禧來任用自己的班底。一八九二年春，他提拔珍妃的表哥志銳為禮部侍郎，後來又在大考官員時親自拔擢珍妃的老師文廷式為「一等第一名」，升翰林院侍讀學士，兼日講起居注官。他所信任與重用的人，圈子狹小。

另一個人翁同龢，是光緒惟一的保護人。他有「帝傅」的特殊身份，又是重權在手的戶部尚書。可以說，這個圓滑世故的老官僚，是橫在光緒皇帝和洋務派之間的一堵牆。他有時嘴說幾句趨時之言，骨子裏卻是一個憎惡洋務的衞道士。而且他的這種憎惡不無個人原因：其兄翁同書（原安徽巡撫），曾被曾國藩、李鴻章參劾革職。他對李

◀ 彼得大帝雕像（筆者一九八七年攝於蘇聯列寧格勒，即今聖彼得堡）

鴻章懷有長時間的惡感，這種惡感無疑將影響光緒——以後的歷史將會證明。

處在這樣一種環境下，當時光緒的「振作」只能局限於道德範疇，它把李鴻章等人拋在一邊，彷彿與三十多年來的變革毫不相干，從零開始。光緒錯失了像日本明治維新那樣，把皇權和改革派的實力結合起來，強有力地推進變革的歷史機會。他的「振作」，與他後來支持戊戌維新不可同日而語，與彼得一世的改革更大相徑庭。

彼得把「俄國需要水域」作為他一生的座右銘，他為建立黑海艦隊和波羅的海艦隊，打通南北出海口作了畢生奮鬥。是他使俄羅斯由內陸國家變成海洋國家。後世為他雕塑的「青銅騎士」像，至今還矗立於聖彼得堡的涅瓦河畔，他的手永遠指向出海口方向。

從光緒親政到甲午戰爭爆發，歷史給了光緒六年時間。這是中國經濟出現上升趨勢的六年（到一八九四年，清政府已無外債，收支平衡，每年還有盈餘）。這是歌舞昇平的六年。六年，光緒對中國海軍一無建樹。

一八九一年，翁同龢所主持的戶部，奏准停購外洋軍火兩年。此事對海軍發展產生嚴重影響。事實上，從一八九一年到甲午戰爭前的三年中，北洋海軍未添一艦。

此事標誌着，隨着醇親王奕譞的突然病逝，李鴻章的處境再次陡變。

一八九一年一月一日，醇親王奕譞逝世。李鴻章電北洋海軍提督丁汝昌傳令各軍艦下半旗十日致哀。這是西禮，也是首次在中國海軍中採用。

奕譞剛死，李鴻章就寫信給慶郡王奕劻——這將是他繼奕訢、奕譞之後需要依附的第三位親王大臣：「前月下旬，驚聞醇賢親王之逝，尊親功德，中外同悲。此後洋務、海軍各事宜，殿下更責專任重……」

這時奕劻總管着總理各國事務衙門和海軍衙門。雖一身而二任，他當時在清廷的政治能量卻很有限。這個眼皮鬆弛、形容陰鬱的人，對政治不通，庸碌無能，貪污好貨，後來有「慶記公司」之稱。清末革命時期，北京有一種石印畫報，畫的奕劻，一個頭戴花翎朝服手持農家耙子的老漢，正在地上摟元寶。據說《辛丑合約》後，他任外務部尚書，六年中僅去上班六次，其腐朽可想。加上他本非最近支宗室，只是皇族後裔，政治影響遠不如「皇帝本生父」奕譞。由他做後台，李鴻章有難言的苦衷。他寫信給郭嵩燾痛惜醇親王去世：

> 醇邸上遷，華夷共悼。……七載金滕，中外共仰。其彈壓浮議，修飭武備，獨具心力，他人所難。……同治初之景象，何可復得？後之視今，更不知如何耳！

奕譞死了。李鴻章煞費苦心和他建立的政治聯繫中斷了。付出的代價早已付出，期望換回的一切卻隨着亡靈而化為烏有。一切又要從頭開始。

李鴻章沒有能夠像伊藤博文取得明治天皇的信任那樣，取得光緒皇帝的信任。這是中國改革的不幸。一八九一年六月李鴻章第二次檢閱北洋海軍，有人描述李「帶着勝利進軍的神氣」——「他的畢生事業擺開在一切人面前，讓大家欣賞。他的要塞和學校，鐵路和船塢，船和炮，都粉飾油漆煥然一新。禮炮齊鳴，龍旗招展，向他的來和去致敬」。這些情景確實出現在李鴻章面前，但他的心境究竟如何？

上一年，北洋艦隊赴香港時發生了意外事件。由於提督丁汝昌未隨行，劉步蟾等認為旗艦應懸掛總兵旗，而英國籍教習琅威理（W.M. Lang）認為李鴻章對他也稱呼「提督」（實際僅表示敬重，並無真正的任命），所以應當懸掛他的提督旗。爭執不下，雙方致電李鴻章，李答以「應升何旗，章程內未載，似可酌製四色長方旗，與海軍提督有別」。這話刺傷了琅威理。艦隊北返後，他跑到天津，要求給他下提督任命，並以辭職相要挾。李鴻章一時衝動，立刻批准「辭職」，趕走了琅威理。

琅威理一八四三年一月十九日生於英國，十四歲進入皇家海軍學校，十六歲入海軍實習，此後一直在英國海軍服役。一八六三年，隨「阿思本艦隊」來華；一八七七年，護送炮艇來華；一八七九年，英國海軍上將古德路過天津時，李鴻章請他推薦「兵船熟手」，上將推薦琅威理。是年十一月，琅威理再次護送炮艇來華，接受聘請，一八八二年正式加入北洋海軍。

▲ 琅威理

琅威理在英國海軍的軍銜是中校，在北洋海軍是副提督銜（艦隊副司令級）「總查」，負責組織、操演、教育和訓練。琅威理治軍嚴格，為海軍軍官所敬憚。他還根據國際慣例為艦隊制定了中外海軍交往的禮節。中法戰爭期間，他一度回避回國，一八八六年四月返回，當時他已是英國海軍上校。琅威理對北洋海軍作用頗巨，由於丁汝昌不懂海軍事務，艦隊訓練事宜多由琅威理主持。當時接觸過他的人回憶，他終日料理船事，刻不自暇自逸，有時在廁所中還命令打旗語傳令。他日夜操練，士卒欲離船甚難。在他的作風影響下，無人敢出差錯。軍中流傳着「不怕丁軍門，就怕琅副將」的說法。琅威理自己也回憶，某次「深夜與其中軍官猝鳴警號以試之，諸將聞警無不披衣而起，各司所事，從容不迫」。在其任內，北洋海軍的訓練水平達到了巔峯。

琅威理去職一事引起的後果是英國方面以驅逐中國海軍留學生作為報復，並且，隨着治軍極嚴的琅威理去職，北洋海軍很不容易形成的作風紀律遭到破壞。這使李鴻章十分懊喪煩躁。加之奕譞突然死去，這「人存政舉，人亡政息」的陰影早已罩上他的心頭。皇帝就要批准「停購外洋軍火兩年」，他「勝利進軍」的道路何在？[45]

一八九〇年七月四日至八月十五日，上海的英文報紙《北華捷報》就琅威理去職事發表三篇社論。這些社論稱，「外國軍官除非不願盡忠盡職，並願同中國軍官同流合污，否則就會受到妨忌、陰謀與排擠。現在琅威理已去，中國海軍『混亂的狂歡』即將開始」。該報還發表「讀者來信」，說「中國的戰艦不久將變成破銅爛鐵」。[46]

一八九一年夏，應日本邀請，丁汝昌率「定遠」、「鎮遠」、「致遠」、「靖遠」、「經遠」、「來遠」六艦再次訪問日本。七月五日下午三時，抵達橫濱，編隊隨「定遠」發出的旗號，變換隊形，駛入港口。「定遠」鳴二十一響禮炮，負責接待的日艦「高千穗」亦以二十一響禮炮作答。港中英、美軍艦，皆鳴十三響禮炮向丁汝昌致敬。

訪問期間，日本外交大臣榎本武揚邀請中國海軍軍官五十餘人，在小石川兵工廠後樂園舉行遊園會，有軍樂隊吹奏。作為答禮，丁汝昌在「定遠」艦上宴請日本貴族院、衆議院的議員和新聞記者。這一切都彬彬有禮，日本新聞界稱道丁汝昌「文明開化」、「見識頗高」。

日本天皇接見了丁汝昌和各艦管帶。一次，日本海軍大臣樺山資紀設宴招待中國海軍將領，觥觚酬酢之際，丁汝昌說，東洋兄弟之間如不團結，勢必給外人以可乘之機。中日海軍應當聯合起來，共同對付西方列強。何況我們有堅不可摧的艦隻，它使我們擁有足夠的力量來對付外來的侵略。

丁汝昌的話對日本是很深的刺激。日本人密切注意中國海軍的實力。七月八日，《東京朝日新聞》以「清國水兵的形象」為題報道了觀感，稱以前看到的不整齊現象已蕩然全無[47]。

◀「定遠」艦訪問日本長崎

45 姜鳴：《龍旗飄揚的艦隊（增訂本）》，頁二九九。

46 姜鳴：《中國近代海軍史事日誌》，頁二七五。

47 《東京朝日新聞》，一八九一年七月八日。

亦有日本人認為：「中國人並非不可戰勝！」

太平年間的軍隊，最難之事莫過於維繫軍人的尚武精神。尤其是當一支軍隊在它自身變革道路上似乎已走到盡頭，把主要精力用於維持的時候。綠營的衰敗有鑑在先，北洋海軍的可慮之處卻無人警覺。

渤海灣的洋面上濃煙滾滾。從一八九一年起，北洋海軍越來越多的軍艦、運煤船在煙台至旅順、威海至旅順、威海至煙台的航線上從事商業營運。這和一八八六、一八八七那兩年赴朝鮮軍艦進行人參走私的目的大同小異，都是為了在經費支絀時期謀幾個錢。旅客搭乘軍艦的船票，當時在各電報局出售。這種營運，使艦況下降，有的軍艦在參加甲午戰爭時，鍋爐幾乎已不能使用。[48]

還有負擔另一種使命的軍艦，如新建廣東海軍的「廣甲」艦，在甲午戰爭前執行的是由南方向朝廷送「歲貢荔枝」的公差。這大概也是中國在那邊緣年代特有的景觀。

據史料記載，每年北洋海軍南下避凍，「率淫賭於香港、上海」。[49]

面對着「禮炮齊鳴」、「龍旗招展」，李鴻章究竟知道幾分北洋海軍的實情？

一八九一年李鴻章巡閱海軍，十八天裏航行三千餘里。歸途中驟遇颶風，船身傾側進水，危險異常，最後僥倖脫險。這和上次巡閱忽見海市的歡騰情景完全相反。是冥冥中的警示嗎？

甲午戰敗後，北洋海軍一批中下級軍官奉命向朝廷呈文反省海軍建設的教訓。他們披露的情況，涉及訓練、招募、紀律、用人等各端，許多為李鴻章聞所未聞——

> 我軍無事之秋，多尚虛文，未嘗講求戰事。在防操練，不過故事虛行。平日操演炮靶、雷靶，惟船動而靶不動……
>
> 中國水師操練不及他國，弊在奉行故事，徒求演放整齊。……大炮打靶，設立浮標，預定遠近……
>
> 兵勇招考，老幼相參……

添置練勇，皆仿綠營習氣，臨時招募……前琅威理在軍中時，日夜操練，琅之精神所及，無人敢差錯者。自琅去後，漸放漸鬆，將士紛紛移眷，晚間住岸者，一船有半。……不肖者，礙情不加處置，故衆多效尤，相習成風，視為故態……

軍中員弁，有才力不勝者，有學問不及者，有毫無所知其所司之職者，濫廁其間。或礙於情面，或善於逢迎。在軍中資格較深者，才力較勝者，久任不得升。而投效之人，入軍便膺其上……[50]

連威海衛的百姓都知道，在被李鴻章檢閱的大軍裏，有臨時僱來湊人頭（因為到處有「吃空額」現象）的農民、漁民甚至地痞無賴。這些人為「掙三天錢」而來，只要會站立，「風吹不倒」就行。李鴻章怎麼會知道？

中法戰爭之後，日本和中國間展開了一場龜兔賽跑。

▲ 在劉公島上訓練的清軍士兵（陳悅提供）

48 中國近代經濟資料叢刊編輯委員會主編：《中國海關與中日戰爭》（北京：中華書局，一九八三年），頁二十。

49 姚錫光：《東方兵事紀略》，收入《中日戰爭》叢刊（一）（上海：上海人民出版社，一九六一年），頁六十七。

50 陳旭麓、顧廷龍、汪熙主編：《甲午中日戰爭（盛宣懷檔案資料選輯）》（上海：上海人民出版社，一九八十年），頁三九七。

日本否決了對中國的「急進論」，開始了切切實實的磨刀。[51]

一八八六年以後，在中國的許多城鎮，一個又一個地出現了掛着「樂善堂」招牌的日本百貨店，這實際上是日本刺探中國情報的一個特務網。一八八六年，日本參謀總長山縣有朋大將派小川又次中佐赴華「調查」。小川回國後，提出一份《討伐清國策》，主張一八九二年前完成進攻中國的準備。他的討伐計劃包括一個肢解中國的方案：

> 長城以北讓滿清立國；
> 長城——黃河間的領土歸日本；
> 黃河——長江間立明代後裔為國；
> 長江以南歸日本。

日本天皇早在明治維新之初就提出：「海軍實為當今第一急務。」日本人的口號是「開拓萬里波濤」，「耀皇威於海外」。

一八八六年，日本為施行五十四艘軍艦的龐大造艦計劃，在國內發行海軍公債一千七百萬元。

一八八七年三月十四日，正當中國準備挪用包括海軍經費在內的項款大修頤和園之際，日本天皇諭令伊藤博文內閣總理大臣，「朕以為在建國事務中，加強海防是一日也不可放鬆的事情。然而從國庫歲入中尚難以立即撥出項款供海防之用，故朕深感不安。茲決定從內庫中提取三十萬元（注：皇室經費的十分之一），聊以資助，望諸大臣深明朕意」。諭令既出，日本全國的華族、貴族紛紛為海軍捐款，僅僅到是年九月，集資一百餘萬元。

日本是一個被分割成數島的獨立於海中的島國。日本有島國憂患。日本的尚武來自憂患。

一八八九年，具有濃重軍事色彩的「大日本憲法」公佈。該憲法規定設立金鵄勛章，以表彰「武功拔萃者」。

次年，山縣有朋出任內閣總理大臣。他的施政演說，強調第一要守衛「主權線」，第二要保護「利益線」。「利益線」指的是朝鮮。

耐人尋味的是，日本當時充份估計到，對於他的最大威脅，不是來自中國，而是來自俄國。俄國興修西伯利亞鐵路的消息對日本是一聲震耳的警鐘。有日本人說，隨着西伯利亞鐵路的延伸，日本的壽命將按比例縮短。而日本真正和俄國相撞，要過十多年到西伯利亞鐵路通車之後。後來歷史的發展證明這是極其清醒的預見。

為了準備和俄國人「相撞」，必須先佔領戰略要地朝鮮半島。為佔領朝鮮，必須先擊敗中國。很難想像這個實力遠不如中國的日本，當時就已開始氣度非凡地在世界的棋盤上謀勢。

被稱為「鼓動東洋問題之年」的一八九一年，日報竭力主張海軍去朝鮮的圖們江口、元山、釜山、仁川設防，鼓動軍火巨頭「三菱」「將其巨腕伸向鴨綠江頭！」鼓吹擴充海軍是當務之急。

那幾年，當日本兒童玩耍時都在做「打沉定遠」、「打沉鎮遠」的遊戲時，為專門對付中國鐵甲艦而造的「三景艦」（「松島」、「嚴島」由法國製造，「橋立」由日本本國製造）已陸續完工。這三艘艦都為四千噸海防艦，無水線帶裝甲，但速度高、火炮口徑大。一八九二年，日本又向英國購買了當時世界上航速最快的巡洋艦「吉野」。

對於東鄰島國這種咄咄逼人的姿態，清政府懵懵懂懂，知之不詳。當日本探子把中國沿海的潮汐、遼東半島河流的封凍開凍，甚至鄉間小路、水井等情況都摸得一清二楚的時候，中國還不了解日本的戰略意

51（日）藤村道生：《日清戰爭》（上海：上海譯文出版社，一九八一年）；（日）外山三郎：《日本海軍史》（北京：解放軍出版社，一九八八年）。

圖，甚至認為日本在實行立憲制後政治派系林立，爭鬥紛紜，動亂不寧，無暇他顧。

中國正處在太平年代。

頤和園完工了。

中國不知道，那恰恰是世界海軍裝備日新月異的一個重要時期。軍艦的主機、鍋爐、火炮、裝甲，種種技術都在迅速更新。「速度重於裝甲度」、「射速重於火炮口徑」的觀念已逐漸佔上風。一八九二年訪問日本時，中國海軍軍官也對日本海軍進行了近距離觀察。劉步蟾報告丁汝昌，日本海軍勢力已迅速提高，北洋海軍添船換炮刻不容緩。但朝廷已同意戶部的意見，停購外洋船炮軍火兩年。中國海軍在一八九一年後進入「冬眠」，最大的損失，不是裝備數量的增加受嚴重影響，而是質量未能及時進步。甲午戰前，丁汝昌已感到船炮老化的問題迫在眉睫。他提出了一個花十五萬兩銀子和十年時間，為二十五艘軍艦更換鍋爐；花六十一萬兩銀子添購二十一尊克虜伯快炮的補救方案。這是一個提高北洋艦隊航速與射速的方案。但因慈禧六十大壽在即，李鴻章「未敢奏咨瀆請」。

一八九一年李鴻章第二次校閱海軍時，李的心腹和助手周馥曾對李說：北洋現只購此數艦，軍實不能再添，照外國海軍例，不成一隊。一旦有事，怎麼能應付？那些書生出身的朝官，你要擴充海軍，他說勞費無功；等到有事難以應付，他又歸過於你。不如趕快痛陳海軍宜擴充，經費不可省。說服了朝廷，是國家幸事，萬一不行，我們也可站地步（留退路）。李鴻章回答：我的力量僅此而已，如今奏上去，必交部議，仍不能行，奈何！

一八九四年李鴻章第三次檢閱海軍，由於日本海軍的崛起，他更有不祥之感。「站地步」留後路的念頭更重。

大閱完畢，李鴻章奏稱：「西洋各國以舟師縱橫海上，船式日新月異。臣鴻章此次在煙台、大連灣親詣英法俄各鐵艦，詳加察看，規制均極精堅，而英尤勝。即日本蕞爾小邦，猶能就現在大小二十餘艘勤加訓練，竊慮後難為繼。」

光緒皇帝的覆諭除勉勵李鴻章督率有方之外，對購船之事未置一詞。

一八九四年，中國銀價暴跌，製錢價格上漲，京師百姓怨聲載道。吉林等地出現了騷亂。雲南、廣西等地出現了瘟疫。瘟疫蔓延到了廣州、香港和澳門，連上海也大起恐慌。許多人估計這將是個多事之年。

李鴻章巡閱途中，傳來朝鮮東學黨起事的電報。誰也沒想到，這就是甲午戰爭的信號。

牙山

朝鮮「東學黨」農民起事，是日本發動對華戰爭的天賜良機。

起事發生後，「駐朝鮮總理交涉通商事宜」的袁世凱來電，朝鮮國王請中國遣兵代剿。李鴻章隨即報告總理衙門：「韓歸華保護，其內亂不能自了，求華代戡，自為上國體面，未便固卻。」

日本對此事也表現出異常熱心。日本駐朝外交官頻頻催問中國方面：「貴政府何不代韓戡亂？」並鄭重其事地聲明：「我政府並無他意。」

一八九四年六月四日，李鴻章命令丁汝昌派遣北洋海軍「濟遠」、「揚威」二艦赴朝鮮仁川、漢城，會同已在仁川的「平遠」艦，執行保護僑商的任務。並命直隸提督葉志超率同太原鎮總兵聶士成，統兵兩千餘人，取海道赴朝。

聶士成率領前鋒九百人，乘「圖南」號輪船於六日啟程。與此同時，日本駐朝公使大鳥圭介率領的「八重山」號軍艦，正兵發在途。

聶士成全然不知前途的險惡，這位淮軍戰將，李鴻章的鄉親，在日記中留下天朝討伐者的豪壯之情。[52]

出發之日，「天朗氣清，海波不興」，「入大洋見巨魚百餘夾舟而行」，出征情景壯觀之至。

◀ 大清國總理各國事務衙門

仁川登岸後，移紮牙山縣。聶將軍感慨地發現，「居民數百家，編茅而居，峨冠博帶，有上古耕鑿風」，千年前的中國，竟完好地保留在這裏。

聶士成像古代中國的將軍一樣，前往「匪患未靖」的地方張貼招撫告示，稱「我朝廷……愛恤屬國，不忍坐視不救」。在另一個告示中他正告「亂匪」，「若再作不靖，此時中朝輪船便捷，朝發夕至，洋槍開花大炮無發不中，使爾等首領莫保，血肉橫飛，生為亂民，死為愚鬼，不大可哀乎」？

他的舉動頗有泱泱大國之古風。他在曾被起事軍佔領的全州給每個難民發銀元兩塊，以示朝廷體恤之仁。他命令部隊秋毫無犯，有一個勇丁拿了百姓的蔬菜，即被割去耳朵，全軍肅然。

「亂匪」因中國軍隊的到來剛剛「星散」。這裏尚沒有「簞食壺漿，以迎王師」的場面，但朝鮮地方官對聶士成等盛情款待，在樂妓的陪同下，不時歡宴於臨江的亭台樓閣。聶士成於酒酣耳熱之際，憑欄吟哦，發思古之幽情。他的一首七律，還被朝鮮官員命人鐫刻在板上懸掛於錦江閣中。

萬松蒼翠擁層城
為靖狼煙此駐兵
冠劍偶登江上閣
樽罍多感使君情
座中歌舞憐紅粉
檻外雲山接玉京
極目海天增氣象
旌旗簇簇漢家營

52 聶士成：《東征日記》，收入《中日戰爭》叢刊（六）（上海：上海人民出版社，一九六一年），頁一。

「漢家營」此時已面臨陷阱，但它的旌旗還在怡然地飄舞。

根據一八八五年李鴻章和伊藤博文在天津簽訂的條約，朝鮮有事，雙方出兵前須先行文知照，李鴻章將出兵「剿匪」事照會日本外相陸奧宗光。日本即照會中國公使：不承認朝鮮是中國屬邦。並照會中國總理衙門：日本也準備派兵保護僑商。

聶士成部在仁川登岸次日，大鳥率領的四百名日本兵攜火炮也在仁川登岸。幾天後，由陸軍少將大島義昌率領的混成旅團亦到達朝鮮。

李鴻章當年允諾「雙方知照」，已失誤在先，答應袁世凱的激烈請求倉促派兵入朝，是失策之二；現在日本派兵，他又態度軟弱，企望國際輿論制約日本。

六月十三日，朝鮮政府請求中國撤兵。李鴻章當日電令葉志超，將部隊撤至牙山，準備回國。

日本有甚麼辦法能既使自己的軍隊名正言順留在朝鮮，又把中國軍隊拖住不放？

十七日，中國軍隊還未回撤，日本向中國拋出了兩國「會剿」，並共同幫助朝鮮改革內政的方案。這個赤裸裸地染指大清國勢力範圍的改革方案，用日本人的話說，就是要使陰霾變為暴雨，促使中日兩國決裂！

中國在第四天用強硬口氣拒絕了日本的「會剿」和「共同改革朝鮮內政」方案，仍堅持雙方撤兵，但已不敢將葉志超、聶士成部先行撤回。

總理衙門問李鴻章：應否添兵？

李鴻章回答：我再多添，日本必添調，作何收場？

李鴻章在日本提出「改革朝鮮內政」方案當日，即已命令丁汝昌增派「鎮遠」、「超勇」、「廣丙」三艦去仁川「壯我軍膽」。中日雙方在仁川——牙山一帶的江華灣海面各有七艘軍艦睥睨對峙，陸軍葉志超部也已強烈感覺到日軍的咄咄逼人。但李鴻章明白，中國應全力避免中日戰爭。他相信日本人不會無故開戰，嚴令葉志超不可先開第一槍。

▲ 李鴻章寄希望「合縱連橫」，以謀略克敵。

▲ 日本外相陸奧宗光

他寄希望於國際調停。

在李鴻章的頭腦中，中國古代的「合縱連橫」說和當時西方世界風行的「均勢論」混合成一個基本的外交策略思想：「以夷制夷。」

他於六月二十日請俄國公使喀西尼（A.P. Cassint）轉請帝俄政府干預，出面逼使日本和中國同時撤兵。喀西尼和俄國外務大臣一致認為，不能錯過這個可以大大增強俄國在遠東勢力的絕好機會，經沙皇同意，帝俄政府先電令駐俄公使對日本進行「詢問」。接着，明確「忠告」日本和中國同時撤兵。

但是日本在下了極大的決心之後，「委婉地」拒絕了俄國的「忠告」。日本孤注一擲地認定，在西伯利亞鐵路修成之前，俄國對朝鮮半島局勢只能是「忠告」而已。

李鴻章在這危急時刻，向喀西尼提出許以中日俄三國以會議方式共同解決朝鮮問題。他事實上承認了俄國具有插手朝鮮的權力——給了俄國一個更大的誘餌。

李鴻章同時竭力拉攏英國參與「調停」。當英國駐天津領事詢問俄國調停情況時，李鴻章誘勸英國派軍艦去日本過問撤兵事，稱「英與中倭交情尤顯，此好機會，勿任俄着先鞭」。李還囑人「密致赫德慫恿」。就是說，再挑唆英國和日、俄展開爭鬥，讓中國坐收漁翁之利。

只能是一廂情願。

喀西尼對此熱心，但帝俄政府看出了李鴻章要拉俄國到戰火中去的圈套。外務大臣給喀西尼的電報說：「我們完全珍視李鴻章對我們的

◀ 日本戰時大本營御前會議。一八九四年六月五日，以明治天皇為最高統帥的戰時大本營在東京設立，召開御前會議，決定出兵朝鮮。左起：海軍軍令部長樺山資紀、海軍大臣西鄉從道、樞密院議長山縣有朋、有棲川宮熾仁親王、明治天皇、內閣總理大臣伊藤博文、陸軍大臣大山岩、參謀本部次長兼大本營陸軍首席參謀官川上操六。

信任，然而我們認為不便直接干涉朝鮮的改革……」

英國更與俄國不同，它表面上作口頭調停，實際是正與日本暗送秋波。它憂慮日益崛起的俄國，希望日本成為它的抗俄盟友，它擔心中日戰爭爆發，英國在華利益受損，希望得到日本不進攻長江流域地區——特別是上海——的擔保。而日本為了它在朝鮮的利益，也迫切需要英國支援。正當李鴻章忙於調停斡旋，每日苦苦等待來自俄國、英國的消息之時，標誌日英關係密切的《日英通商航海條約》簽訂。利益——在國際關係中沒有比國家利益更神聖的東西。

李鴻章還找了美國、法國、德國，各國也都讓駐日公使勸日撤兵。但日本已看穿中國的底數，依然故我，兇焰更高。53

有人說，中國軍隊不是力量型軍隊，不是技術型軍隊，從古而今，它是一支謀略型軍隊。包括「合縱連橫」在內的謀略，永遠為兵家所需。

然而李鴻章那其聲可哀的縱橫外交，卻恰好是他本人所一向忌諱的離開實力後盾的筆舌爭辯。在日本下大決心拒絕俄國「調停」的當日（六月三十日），李鴻章曾上奏《酌度倭韓情勢預籌辦理摺》，內容包括任命東征前敵統帥、籌撥軍費、添募士兵、加強北洋艦隊等四條措施。但這一備戰方案未能順利實現。他建議任命為前敵統帥的淮軍宿將劉銘傳稱病拒出，致使前線羣龍無首。籌款、募兵備受掣肘，大打折扣。對於加強海軍，光緒非但沒有全力支持，還在七月十一日降旨抽調北洋數艦去台灣助防。北洋艦隊和陸軍在一八九四年六七月間損失了最寶貴的備戰時間，而未能及早「取勢」：北洋艦隊的軍艦未能控制朝鮮西海岸各海口（尤其是仁川），而聽任日本軍艦自由出入；陸軍未能在日本大軍趕到前搶佔漢城。七月初，漢城已有日軍萬人，他們在漢城周圍各要害處埋雷，每日由水路陸路運送彈藥，四處可見兵帳馬廄。日本人着着佔先，中國人面面受制。駐牙山清軍處在與日軍一觸即發的境地，因朝廷舉棋不定而進退兩難，在朝鮮待命的葉志超致電李鴻章，提出上、中、下三策。上策是派大軍入朝對日作戰，中策是將牙山清軍撤回，待備戰充分後，「秋初再圖大舉」，下策是繼續困守牙山窘境。李鴻章上報清廷，主採中策。但是光緒帝在未給李鴻章充分備戰時間的情況下，倉促下令大舉進兵朝鮮。

七月十六日，李鴻章傳令：

衞汝貴統盛軍六千人；

馬玉昆率毅軍二千人；

左寶貴率奉軍三千五百人；

稍後又令豐升阿率吉軍等一千五百人，分四路入朝。

令丁汝昌接應葉志超、聶士成部出牙山海口，由大同江進入平壤。

由於葉志超認為走海路危險，準備走陸路（繞開日軍佔據的漢城迂迴北撤），李鴻章決定派江自康率蘆榆馬隊乘「愛仁」、「高升」、「飛鯨」輪船赴牙山增援。由方伯謙率「濟遠」、「廣乙」、「威遠」護航。

這時候，住在天津軍械局官員劉芬家中的一個名叫石川五一的日本人，獲得了援牙清軍的出發日期和航渡運載等情況，即買通電報局的電報生，發報密告日軍。

七月二十五日，豐島海戰爆發。

53 李鴻章：《李鴻章全集（二）》（上海：上海人民出版社，一九八八年）。

豐島

七月二十五日清晨，完成護送江自康營第一波部隊在牙山登陸任務的「濟遠」和「廣乙」二艦，離牙山返航。剛開出不遠，已經在牙山以南的羣山浦隱伏兩天的日本聯合艦隊第一遊擊隊「吉野」、「浪速」、「秋津洲」三艦出現了。

記住這三艘艦和這個編組。這支以高航速、高射速為特徵的小隊，是日本的殺手，在後來的黃海大海戰中，為重創北洋艦隊立下頭功。

旗艦「吉野」首先開炮——這是日本在甲午戰爭中不宣而戰的開始，日本三艦炮火齊發。中國軍艦隨即還擊，雙方相距八九千米，展開激烈炮戰。鏖戰一小時有餘，福建船政局自造的一千噸炮艦「廣乙」受重傷，無法施放魚雷，船身傾斜，退出戰鬥，在朝鮮十八島附近擱淺，縱火自焚了。「濟遠」艦以一當三，作戰英勇。其司令台中炮，大副沈壽昌（「留美幼童」）頭顱炸裂，腦漿與血飛迸在身旁的管帶方伯謙衣上。前炮台繼而中彈，二副柯建章被彈片擊穿胸膛，海軍學生黃承勛被炸斷手臂。

▲ 日本軍艦「浪速」

▲ 日本軍艦「吉野」

▲ 日本軍艦「秋津洲」

▲ 清國軍艦「濟遠」

▲ 日本艦隊「第一遊擊隊」司令官坪井航三（留學美國）

▲「浪速」艦艦長東鄉平八郎（留學英國）

在這激戰之際，運送江自康營第二波部隊一千二百餘人的「高升」號——一艘懸掛英國國旗的商輪和滿載軍械的「操江」艦一起，正向牙山駛來。它在接近沿海島羣時，看見了急速遁離戰場的「濟遠」。追擊「濟遠」的日本三艦見「高升」與「操江」，立刻以「秋津洲」截「高升」，以「浪速」截「操江」，以時速二十二點五節的「吉野」窮追「濟遠」不放。「濟遠」撇下「高升」、「操江」而走。

據《中國近代戰爭史》記載，「吉野」追擊「濟遠」時，「方伯謙貪生怕死，躲在艙內鐵甲最厚的地方瑟縮不出，並下令懸掛白旗投降。艦上士兵極為憤怒，水兵王國成、李仕茂等毅然發尾炮擊中『吉野』，使它不敢再追」。

據丁汝昌向李鴻章報告豐島戰事的電報稱：「吉野督船尾後連追不止。濟遠停炮詐敵，彼駛近，擬擒我船，濟遠即猝發後炮，一彈飛其將台，二彈毀其船頭，三彈中其船中，黑煙冒起，吉野移逃，四彈炮力已不及矣。……風聞提督陣亡，吉野傷重，途次已歿。」他依據「濟遠」開回旅順後的報捷電，報告了關於日本艦隊司令被「濟遠」擊斃、「吉野」被擊沉的傳聞。

事實是，日本艦隊司令坪井航三皮毛未損，「吉野」無恙而歸。真正悲慘的是懸掛英國旗的中國運兵船「高升」。

「高升」被「浪速」截住。「浪速」艦的艦長，就是十年後在日俄戰爭中因擊敗俄國海軍而聲名赫赫的聯合艦隊司令東鄉平八郎。

「高升」號上有一位特殊的旅客——德國陸軍退役大尉，李鴻章的助手漢納根（Constantin von

Hanneken）。他搭船去朝鮮觀察戰事，卻在半途目擊了「高升」號的慘劇。他在僥倖脫險後作了如下證言：

……（浪速號）把他所有的炮露出來，面向我們的船，並停在大約距離我們的船四分之一英里的海面上。我們見一隻小船離該船向我們方面開來。我們船上的中國管帶告訴我，並請我告訴船長：他們寧願死在這地，不願當俘虜。他們都很激昂。……

日本小船到了，有幾個軍官上了我們的船。日本船中的人均帶有來福槍和佩刀。日本軍官上船後，即到船長住的房間，船長把船的文件給他們看，證明他實在是負責駕駛一艘英國船。日本軍官很不客氣地令船長跟隨日本軍艦開駛。我沒有參加船長與日本軍官的談話，但我事前對他說，必要時，可叫我。我正忙於勸導管帶和兵士鎮靜。在日本船靠近我們的船前，我與船長約好，他應堅持須讓他開回我們出發的港口——大沽，因為船出發時，兩國尚未宣戰。似乎當日本負責談判的人令船長跟隨日本軍艦行駛的時候，並沒有給船長堅持任何事的時間……

當我把船長與日本人談話結果譯給中國管帶們聽後，他們和士兵都喧嚷起來，用刀槍威脅船長、船員及所有船上的歐洲人，致船長不敢起錨。我又極力勸他們鎮靜，並請船長用信號請談判的日本船再回來。船又來了，我這次親自到跳板上與日本軍官談話。我告訴日本軍官：「船長已失去自由，不能服從你們的命令，船上的兵士不許他這樣做，軍官與士兵堅持讓他們回原出發的海口去。」船長說：「考慮到我們出發尚在和平時期，即使已宣戰，這也是個公平合理的請求。」……

小船抵日本軍艦後，我們等了些時候，才得到回音，他們掛出一個信號說：「快快地離開船。」這只是為船上的歐洲人及船員而發，但是他們沒有機會，也許沒有意思服從這個勸告，中國兵保管了所有吊艇，隨後船長高惠悌（Galsworthy）懸掛信號說：「人們不許我們這樣做。」我們得到惟一的回應，是一面答旗。

我們後來看見日本軍艦開動前來，當它離我們大約有一百五十公尺，正對着我們船的左舷停駛下來。我看見一個水雷從船的水雷門中發出，立刻六門炮一齊開放。在水雷達到它的目標前，他們又放了一次炮。

水雷命中我們船的中心，很可能正擊到船的煤庫，頓時白天變成黑夜，空氣中全是煤屑、碎屑和水點。我想就在這個時候，我們都跳下海去游水。在游水時，我見船沉下去，船尾先下。在這時候，炮繼續在放，那些可憐的人知道沒有機會游水求生，勇敢地還擊。我看見一隻日本小船，滿載武裝兵士，我以為他們是要來拯救我們的，但悲傷得很，我是想錯了，他們向垂沉的船上的人開炮。我不明白他們的目的是甚麼。事實是，游水的人們不但被日軍艦、亦被垂沉的船上的人射擊。後者可能有一種野蠻的想法，即倘使他們一定要死，他們的兄弟們亦不許活着。高升號被水雷命中後，半小時內，全身都沉下去。[54]

「浪速」擊沉「高升」，「秋津洲」虜獲「操江」。

日本海軍不宣而戰，襲擊中國租用的外輪，違反國際法。李鴻章出於「以夷制夷」的思想，寄希望於英國干預。英國駐日使節也一度抗議，引起日本政府的恐慌。但風波很快過去。曾留學英國的東鄉平八郎深諳國際法，他一口咬定「高升」是被中國劫持的；英國報刊上也出現了某大律師論證日本無罪的文章。英國對日本既不要求道歉，也不索取賠償，兩國間默契可見。

七月二十八日夜，日本陸軍進攻牙山清軍，在成歡驛爆發激戰。清軍不支，聶士成、葉志超兩部合軍而北，繞道遠離漢城的朝鮮中部山區奔向平壤。

八月一日，中日雙方正式宣戰。

中國皇帝的宣戰諭旨稱：

54《日艦擊沉「高升」號實況文件三種》，收入《中日戰爭》叢刊（六）。

朝鮮為我大清藩屬二百餘年，歲修職貢，為中外所共知。近十數年來，該國時多內亂；朝廷字小為懷，迭次派兵前往戡定，並派員駐紮該國都城，隨時保護。本年四月間，朝鮮又有土匪變亂，該國王請兵援剿，情詞迫切；當即諭令李鴻章撥兵赴援，甫抵牙山，匪徒星散。乃倭人無故派兵突入漢城，嗣又增兵萬餘，迫令朝鮮更改國政，種種要挾，難以理喻。我朝撫綏藩服，其國內政事向令自理；日本與朝鮮立約，係屬與國，更無以重兵欺壓，擅令革政之理。各國公論，皆以日本師出無名，不合情理，勸令撤兵，和平商辦；乃竟悍然不顧，迄無成說，反更陸續添兵。朝鮮百姓及中國商民日加驚擾，是以添兵前往保護。詎行至中途，突有倭船多隻，乘我不備，在牙山口外海面開炮轟擊，傷我運船。變詐情形，殊非意料所及！該國不遵條約，不守公法，任意鴟張，專行詭計，釁開自彼，公論昭然。用特佈告天下，俾曉然於朝廷辦理此事，實已仁至義盡；而倭人渝盟肇釁，無理已極，勢難再予姑容。着李鴻章嚴飭派出各軍，迅速進

▲ 日本報刊繪畫：「操江」艦戰俘抵達日本（陳悅提供）

剿，厚集雄師，陸續進發，以拯韓民於塗炭；並着沿江、沿海各將軍督撫及統兵大臣，整飭戎行，遇有倭人輪船駛入各口，即行迎頭痛擊，悉數殲除，毋得稍有退縮，致於罪戾。將此通諭知之。欽此。

日本天皇的宣戰詔書稱：

保全天祐踐萬世一系之帝祚大日本帝國皇帝示汝忠實勇武之有衆：朕茲對清國宣戰，百僚有司，宜體朕意，海陸對清交戰，努力以達國家之目的。苟不違反國際公法，即宜各本權能，盡一切之手段，必期萬無遺漏。惟朕即位以來，於茲二十有餘年，求文明之化於平和之治，知交鄰失和之不可，努力使各有司常篤友邦之誼。幸列國之交際，逐年益加親善。詎料清國之於朝鮮事件，對我出於殊違鄰交有失信義之舉。朝鮮乃帝國首先啟發使就與列國為伍之獨立國，而清國每稱朝鮮為屬邦，干涉其內政。於其內亂，藉口於拯救屬邦，而出兵於朝鮮。朕依明治十五年條約，出兵備變，更使朝鮮永免禍亂，得保將來治安，欲以維持東洋全局之平和，先告清國，以協同從事，清國反設辭拒絕。帝國於是勸朝鮮以釐革其秕政，內堅治安之基，外全獨立國之權益。朝鮮雖已允諾，清國始終暗中百計妨礙，種種託辭，緩其時機，以整飭其水陸之兵備。一旦告成，即欲以武力達其慾望。更派大兵於韓土，要擊我艦於韓海，狂妄已極。清國之計，惟在使朝鮮治安之基無所歸。查朝鮮因帝國率先使之與諸獨立國為伍而獲得之地位，與為此表示之條約，均置諸不顧，以損害帝國之權利利益，使東洋平和永無保障。就其所為而熟揣之，其計謀所在，實可謂自始即犧牲平和以遂其非望。事既至此，朕雖始終與平和相終始，以宣揚帝國之光榮於中外，亦不得不公然宣戰，賴汝有衆之忠實勇武，而期速克平和於永遠，以全帝國之光榮。

▲ 日本天皇下詔向清國宣戰

百餘年後，後人可以看清，當時清政府為維護天朝上國的古老威嚴，既昧於外情，又昧於內情，不當戰而戰，落入了日本設置已久的陷阱，為爭藩屬而使舉國蒙難。舉兵東征顯然極不明智。李鴻章深知國力軍力，在出兵前竭力爭取談判解決朝鮮半島爭端，但他主張「秋初大舉」，對日本的實力仍然估計過低；而失誤的根源在光緒、慈禧的輕敵。

面對中日宣戰，俄國、英國、美國、德國、意大利、荷蘭、葡萄牙、丹麥、瑞典、挪威，先後宣告中立，坐山觀虎鬥。

京城

走向戰爭的京城，彌漫着躁亂緊張的空氣。總理衙門外的大街上莫名其妙地架起了大炮，任日曬雨淋；內廷官員們每日在紫禁城出出入入，匆忙不安。國運生死迫在眼前，戰局方開，而另一場「戰事」也正硝煙彌漫——中國又出現了奏片如雲、彈章紛起的內部鬥爭局面。後人把這場「戰爭」描述為「帝黨」和「后黨」的鬥爭，「主戰」與「主和」的鬥爭，說成「愛國」和「賣國」的衝突，或是戰略指導思想、戰役指揮方針上的矛盾。也許正是這些力圖清晰地勾勒歷史的描述，使歷史變得越加撲朔迷離。

衝突的焦點在海軍。

歷時近三十年，以一代人的心血和國家的巨資建起的中國海軍，被歷史送上了考場。判斷一支軍隊的優劣，沒有比戰爭這個判官更無情的了。中國人熟知「養兵千日，用兵一時」的古訓，如今，這「一時」已經來到。無數雙眼睛——不管是怎樣的目光——都一齊緊盯着北洋艦隊。

中國出兵朝鮮後，人們對海軍未能控制仁川港已多有議論。七月十七日，光緒皇帝旨令追查北洋海軍提督丁汝昌。豐島海戰後，丁汝昌一度率艦巡海，未遇日艦，折回威海佈置防務。光緒在降旨宣戰的第三天命令：「丁汝昌屢被參劾，前寄諭令李鴻章察看有無畏葸縱寇事，着即日據實覆奏，毋得稍涉瞻徇，致誤戎機；如必須更換，並將接統之員，妥籌具奏。」

僅僅隔了一天，光緒得到丁汝昌帶六船赴朝鮮洋面的報告，又降旨指責海軍，嚴厲的語氣中可見對將領的極不信任，又可見言官們對他的左右：「丁汝昌前稱追倭船不遇，今又稱帶船出洋，倘日久無功，安知不仍以未遇倭船為諉卸地步？近日奏劾該提督怯懦規避偷生縱寇者幾於異口同聲，若衆論屬實，該大臣（注：指李鴻章）不行參辦，則貽誤軍機，該大臣身當其咎矣。」

一天後，八月七日，光緒又第三次指責海軍，鋒芒已對着十年來的海軍建設：「自光緒十年越南用兵之後，創辦海軍已及十載，所有購船、製械、選將、練兵諸事，均李鴻章一手經理。乃倭人自上次朝鮮變亂，經我軍戡定，該軍敗挫而歸，從此蓄謀報復，加意練兵。此次突犯朝鮮，一切兵備，居然可恃。而我之海軍，船械不足，訓練無實，李鴻章未能遠慮及此，預為防範，疏慢之咎，實所難辭！」

光緒和他周圍的一些人（無疑應首先包括已列席軍機處會議的翁同龢），在宣戰後數日內激烈主張海軍迅速尋殲日本艦隊，被後人認為有鮮明的「主戰」態度。那麼，宣戰前後清廷內部的「主和派」何在？據翁同龢的日記記載，宣戰前慈禧「亦主戰，不准借洋債」、「不准有示弱」。光緒對外交調停態度消極，卻並沒有斷然反對。翁同龢則對英國的調停曾抱有希望。李鴻章把爭取外交調停的努力作到最後一分鐘，造成貽誤後，一旦與日本決裂，也慌忙投入備戰。

與光緒等人急於決戰的情形相同，日本方面也正在想全力尋找北洋海軍進行決戰。

日本在戰前已制訂好「作戰大方針」，即以主力在山海關附近登陸，於直隸平原同清軍主力決戰，奪取北京。為達到這一戰略目的而作的戰役計劃是：陸軍鉗制和擊敗在朝清軍；海軍擊敗北洋艦隊；如海戰大勝，取得黃海、渤海制海權，則直搗北京；如勝負未決，則陸軍固守朝鮮，海軍控制朝鮮海峽，為增援陸軍護航；如海戰失利，則退守本土，嚴防中國進攻日本。這一計劃的核心是奪取黃海、渤海制海權，控制海上交通線。

如同一八七四年對台灣的進犯，這一次日本的侵略計劃仍具有很大冒險性。日本在九十年代擴充軍備，奮力追趕中國，實力大增，但並不擁有對中國的明顯優勢。甲午戰爭爆發前，中國海軍（包括北洋及南洋、廣東）共有軍艦七十八艘，總排水量八萬五千噸；日本海軍有軍艦三十一艘，總排水量六萬噸左右。中國有兩艘鐵甲艦，日本的鐵甲艦僅有較陳舊的「扶桑」一艘，另兩艘「富士」、「八島」正在加緊製造，尚未就役。當然，日本擁有航速火力都優於中國的「吉野」新型巡洋艦。

在這裝備對比無懸殊的情形下，素質的較量——包括軍事思想、決策指揮能力、戰役戰術水平的較量——便有決定性的意義。

▲ 開戰後的李鴻章面臨空前的壓力

打上門來的日本人有周密的計劃。中國人的戰爭指導思想是一團亂麻。

在朝廷內部，懂得海軍作戰「得海者勝」的道理，也許只有侍讀學士文廷式。文廷式在宣戰前曾提出添購鐵甲、快船，派海軍游弋於日本的「對馬、長門之濱」、「長崎、橫濱之口」，把第一道防線設到敵人的海口去。

李鴻章另有一個出發點。戰爭爆發後，對兩國的力量對比和中國應採取的策略，外界多有評說。海關總稅務司赫德在臨近宣戰前說：「日本在這場新戰爭中，料將勇猛進攻，它有成功的可能。中國方面不免又用它的老戰術，但是只要它能經得起失敗，就可以慢慢利用其持久力量和人數上的優勢轉移局面，取得最後勝利。」宣戰後，總理衙門致電李鴻章，轉述英國駐華公使歐格納（Nicholas R. O' Coner）的意見，同樣認為日本的人力物力使它不能久戰，所以「初戰宜慎」。因此李鴻章在戰爭初期贊同讓軍艦「聚泊嚴備，不可單船散泊，致墮狡計」的意見，明確地稟告皇帝，北洋海軍的主力軍艦「實未敢輕於一擲」。

從建設海軍之日起，李鴻章的戰略指導思想就是近海作戰，扼守海口，確保渤海門戶「深固不搖」。戰爭爆發後，「拱衛京畿」是他的第一使命，他也自信有此能力。而光緒在這個根本指導思想上與李鴻章毫無二致。他屢旨催戰，卻不是讓海軍去爭制海權，而是讓它「力挫敵鋒」，用一次海上大戰殺殺日本人的兇焰，目的仍是「嚴守各口勿失」。

這就使北洋海軍提督丁汝昌成為夾縫中的一個十足的倒楣鬼。豐島海戰後，他左顧右盼，手足無措。八月六日，光緒皇帝命令海軍確保增援平壤的運輸線，梭巡固守朝鮮大同江口。他率隊從威海趕赴大同江，正「梭巡」，日艦騷擾威海，光緒旨令威海為南北要衝，應實力嚴防，北洋艦隊迅速撤回。八月十二日，因有人傳日軍將猛撲山海關，光緒旨令海軍速赴山海關一帶，「遇賊截擊」。八月二十三日，光緒皇帝又命令海軍各艦在威海、大連灣、旅順一線來往梭巡，嚴行扼守，不得遠離，勿令一船闖入：「倘有疏虞，定將丁汝昌從重治罪！」北洋艦隊疲於奔命，日久無功。一艘艘戰艦如海上的浮動炮台，力不能支地充當着海上長城。丁汝昌率艦出洋，究竟是為尋找戰機還是為梭巡自保？究竟是出海攻擊還是近海防禦？他莫衷一是，既要執行李鴻章「初戰宜慎」的方針，又要執行光緒的催戰令，還要承受來自京城的巨大輿論壓力。

北洋海軍被京城的一片痛斥聲所包圍。55

兵部侍郎志銳奏請議處貽誤軍機之丁汝昌：「所謂『老成』者遲緩耳，『持重』者怯懦耳。丁汝昌如此玩誤，朝廷若不迅發明威，立正軍法，欲海軍得力，恐未能也。」

御史易俊奏：「委帶水師統領丁汝昌，畏葸無能，聞風遠遁，遂使牙山一隅，亦半為倭人有，凡我可進兵之處，皆一律堵禦。……聚六州之鐵，不能鑄成此錯也！」

侍郎長麟奏：「丁汝昌退縮不前，巧滑推宕，並未在海中一戰，但見倭船旗色，輒已遠颺……」

御史高燮曾奏：「倭海軍勇，到處梭巡；我海軍怯，一意畏避；遂致海道為其所阻。夫我軍之所以怯，非水師盡無用也，提督不得其人，斯軍士不免遷延觀望……為第一重門戶計，請皇上整頓海軍，更易提督。」

易俊再奏：「不重治丁汝昌之罪，何足伸國法以快人心？即姑予寬容，不加顯戮，亦當從嚴懲處，即時更替……」

翰林院侍讀學士文廷式奏：「丁汝昌屢經彈劾，罪狀昭然，林泰曾、劉步蟾怯懦昏庸，情尤可惡。……應請旨特撤丁汝昌及林泰曾、劉步蟾三人……」

御史安維峻建議，用「來京陛見」的辦法，誘捕丁汝昌。

…………

中國的「言路」是一種耐人尋味的歷史現象。許多統治者以「廣開言路」標榜自己的「虛衷納諫」、政治清明，歷朝歷代也都有以不避權貴自詡，好議時政、標榜風骨的文人，例如出現過明之海瑞那樣的骨鯁之士。但中國缺少獨立的文人，言官們常常不過是高層政治鬥爭的工具。那充滿藝術和技巧的奏摺，無異於投槍與暗箭。

圍攻北洋海軍的無數彈章，從局外的角度對海軍嚴加挑剔，在求戰愛國的激憤之情中，不無明顯的誇張與迎合。

士大夫集矢攻擊的「丁汝昌」，說到底是「李鴻章」的代名詞。從出兵朝鮮開始，對李鴻章的譴責乃至咒罵，由暗到明，步步升級，直到「衆口交騰」。

遍讀士大夫的彈章，可以十分強烈地感受到一種不僅是對着李鴻章、而且是對着數十年來的整個洋務運動的憤怒。在他們筆下，李鴻章是一個「觀望遷延，寸籌莫展」、「暮氣已深」，「無作戰之氣」的昏官，是秦檜那樣的奸臣。他們尖銳地指出其原因在於：李鴻章終身以洋人為可恃，終身以洋人為可師，漸染洋氣頗深，「而於中國法制本源，軍謀舊法皆不留意」，「辦洋務數十年，乃甘墮洋人之術中而不知悟也」！

他們譴責李鴻章竟敢讓英、俄來「保護」屬國。

他們譴責李鴻章耗費國家資金興辦海軍勞民傷財，臨陣無用。

他們譴責李鴻章訓練的新式陸軍一觸即潰，逃到平壤的葉志超部軍紀敗壞。

他們譴責李鴻章的天津軍械局是窩藏奸細之所，被抓獲的日本間諜石川五一住在官員劉芬家，而劉芬是李鴻章的外甥——軍械局總辦張士珩的「書辦」。

他們甚至轉述許多明顯的謠言：李鴻章要讓兒子李經方給倭寇當女婿；李鴻章的兒子在日本開有洋行；李鴻章向朝廷要的三百萬兩軍費，實際上是準備交給日本的賠償費……

讀着朝廷時常抄送給他的這些呈文，李鴻章能說些甚麼？

55《光緒朝中外交涉史料》，收入《中日戰爭》叢刊（三）。

眼前是一羣「愛國」的主戰者。

他們認為「倭人國小而弱」，「彈丸之地，竟敢鷹瞵虎視，藐我中華」，是可忍，孰不可忍！

赫德說：「現在中國除了千分之一的極少數人以外，其餘九百九十九人都相信大中國可以打敗日本。」

胡繩在《帝國主義與中國政治》一書中，曾分析一些主戰者的「主戰」「是出發於傳統中國皇帝對待『四夷蠻邦』的態度」。

李鴻章能說甚麼？

這場戰禍，他在二十多年前就有預見。他在一八七一年說過：「日本近在肘腋，永為中土之患。」日本的威脅，是他辦海軍的直接動因：海軍的第一假設敵就是日本。為海軍，他數十年呼吁，唇焦舌敝，處處掣肘。他取得的有限的成功，今天被人們當作可以去浪戰死拚的賭注；他留下的種種問題，又成為攻擊者的靶子。「船械不足，訓練無實，李鴻章未能遠慮及此」，光緒皇帝彷彿記住了李鴻章在第三次校閱海軍後所說的「渤海門戶已有深固不搖之勢」的自詡，而有意忘記了李鴻章為「留地步」而對海軍建設前景表示的憂慮。這憂慮李鴻章在宣戰前的七月五日再次表示過，被斥為「臨渴掘井」。那麼誰曾未雨綢繆？光緒似乎是個在宣戰前與中國海軍毫不相干的人。他站在那歷史之外，似乎不知有一八七四年、一八八四年，不知有頤和園。也不知一八九一年戶部曾上奏停購船械。

戶部尚書翁同龢，如今正在軍機處值房，參與為年輕的光緒皇帝起草一道道譴責海軍不力的諭旨。

主戰者攻擊海軍疲弱，李鴻章對這支自己親手創建的艦隊也有苦難言。出兵朝鮮之初，林泰曾發電，軍艦在仁川泊港戰守不宜，李鴻章即斥責林「膽怯張皇」，不許軍艦回威海「示弱」。他還在七月初嚴令丁汝昌：「兵船時時要整備。汝擬初十內帶八船操巡漢江大同江一帶，五六日內即回，此不過擺架子耳。諸船派仁（川）、牙（山）兩旬，竟不敢分一船往大同。……大同江是我將來進兵要口，既往巡，即須在彼妥籌佈置。備護陸軍同去同回，有何益處？人皆謂我海軍弱，汝自問不弱否？」豐島海戰，接到丁汝昌報告「濟遠」擊沉「吉野」擊斃日艦隊司令的請賞電，李鴻章從駐日公使的來電中證實沒有此事，即覆電丁汝昌，語含諷意：「一炮如此得力，果各船大炮齊發，日雖有快船快炮，其何能敵？……如無確實證據，豈能濫賞？」

李鴻章為北洋艦隊的素質而憂。

但是對於光緒皇帝和京城的強大輿論，他只能百般為這支艦隊辯解。因此，八月二十七日，光緒皇帝降旨將丁汝昌革職，他立刻於二十九日覆奏，對海軍問題作總的申辯，明確提出他的「保船制敵之方」。

他首先指出北洋艦隊軍艦的缺陷：這些軍艦訂購有年，其航速現今已落後，而「近年部議停購船械，自光緒十四年後，我軍未增一船」。這種情形下，「海上交鋒，恐非勝算」。他的方針是保住艦隊這一威懾力量，「不必定與拚擊，但令游弋渤海內外，作猛虎在山之勢」。因日本「畏我鐵艦，不敢輕與爭鋒」，且威海、仁川一水之隔，日本有後路之憂，不能各艦齊出犯中國各口。

接着他強調了和光緒完全一致的「梭巡扼守」方針。「今日海軍力量，以之攻人則不足，以之自守尚有餘……至論海軍功罪，應以各口能否防護有無疏失為斷，似不應以不量力而輕進，轉相苛責」。

最後是為丁汝昌說情。「丁汝昌從前剿辦粵捻，曾經大敵，迭著戰功，留直後即令統帶水師，屢至西洋，借資閱歷；創辦海軍，特蒙簡授提督，情形熟悉，目前海軍將才尚無出其右者」。撤丁汝昌，替換者只有劉步蟾、林泰曾等「西法尚能講求……而未經戰陣」的學生官。而且這種替換不能「服衆」。

李鴻章道不出口的是他和丁汝昌的關係，這種關係和淮軍各皖籍主將與李的關係一樣，帶着私家軍隊的宗族氣味。丁汝昌是怎麼留在直隸的？打敗捻軍後，這個驍勇的陸將成了「記名提督」，閒放在家。他進京活動，被任命到西北任職。他不願去，又去找老主人，是李鴻章把這老部下留在了天津。[56]

李鴻章竭盡全力終於使丁汝昌暫免處分。內部的紛爭，已使他筋疲力盡。

聖旨頻頻。

56《洋務運動》叢刊（二），頁四二〇。

他遵旨查實駐朝陸軍怯戰事，查實平壤衛汝貴部的「劣跡」，查實劉芬窩藏石川五一的罪責。最後，報告對石川五一的審訊結果，還要親自組織處決：石川按西法槍斃，劉芬按中法斬首。

就在這紛亂的九月上半月，軍事形勢日益變化。日本海軍急於和北洋艦隊決戰而未果，能夠突破渤海灣直接在山海關登陸的可能性日小，遂加強在朝的陸軍力量，九月初，日本大批運兵船往返於本土至釜山、仁川、漢城之間，運兵線防護薄弱，而中國海軍卻白白坐失了前去襲擊日本兵船的絕好機會，仍在家門口「往來梭巡」。

九月十六日，在日軍大舉進攻下，平壤失守。光緒降旨給李鴻章以「拔去三眼花翎，褫去黃馬褂」的「薄懲」。

同一天，日本海軍再次出發，尋找北洋艦隊決戰。

據外山三郎所著的《日本海軍史》記載：

> 軍令部長樺山資紀對海軍作戰進展遲緩極為不滿。八月十五日，在給聯合艦隊司令長官伊東佑亨中將的電報中指出，「目前陸軍大規模進攻直隸灣（注：即渤海灣）為時已晚……。但是若海戰對我有利的話，陸海軍協同攻佔遼東半島仍有可能，……」樺山於九月六日又親自來到聯合艦隊駐地（長直路），敦促聯合艦隊司令長官立即率部出擊，以尋找敵艦隊決戰。

對同優勢之敵決戰一直持慎重態度的伊東長官終於定下決心，於九月十六日率部從泊地（小乳纛角）出發，開往黃海北部尋敵決戰。

這時，專門從事護送陸軍而在沿海活動的清國海軍主力北洋艦隊，在丁汝昌提督的率領下，恰好也在該海域。

十七日正午前，兩軍幾乎同時互相發現……

大東溝

我相信任何歷史過程都不可能被再現，尤其是場面宏闊、瞬息萬變、充滿種種偶然突發因素和人的臨機決斷的戰事。逝去的永遠逝去了，後人揀拾到的不過是殘鱗片甲：當事者視野有限的掛一漏萬的回憶，片片斷斷的傳聞，顯然有珍聞也有缺憾的官方文電。史學，就是對殘片所做的充滿主觀精神的「復原」。我們也許接近了過去，卻永遠不可能回到昨天。

儘管如此，我和許華依然一遍遍地把示意戰艦的數十張紙條在桌上攤開，收攏，攤開。我們排出中日兩國艦隊在大東溝附近海面遭遇前的航渡隊形、開戰前的迎敵隊形、戰鬥中各艦的位置……我們努力從那變幻的圖形中尋找邏輯，尋找決策者的意念，尋找這場在世界海戰史上激戰時間最久、場面空前慘烈的黃海大海戰的真相，尋找北洋艦隊的敗因——正是這海戰的失敗，決定了中國在甲午戰爭中的敗局不可挽回，也使後人為先輩的功過得失，乃至整個中國近代海軍的功過得失，爭論到今天。[57]

「十七日正午前，兩軍幾乎同時互相發現……」

57 關於大東溝海戰，中國人的記錄有：王芸生：《六十年來中國與日本》之二；姚錫光：《東方兵事紀略．海軍篇》；《中日戰爭》叢刊之三；蔡爾康等輯錄：《中東戰記本末》；孫克復、關捷：《甲午中日海戰史》；池仲佑：《海軍實記．述戰篇》；李鴻章：《李鴻章全集》。日本人的記錄有：《廿七八年海戰史》；外山三郎：《日本海軍史》；淺野正恭：《近世海軍史》；平田勝馬：《黃海大海戰》；藤村道生：《日清戰爭》；洋員的記錄有：泰萊：《甲午中日海戰見聞錄》；馬吉芬：《黃海海戰述評》等。姜鳴、許華、楊志本等對海戰經過作過精心考證，參見姜鳴：《龍旗飄揚的艦隊（增訂本）》，頁三五六；許華、楊志本：《論丁汝昌海上戰役指揮失誤問題》，《近代史研究》一九八八年第一期。

▲ 北洋海軍右翼總兵兼「定遠」鐵甲艦管帶劉步蟾（第一屆「馬尾學生」，曾在國外鐵甲艦實習，後巡歷大西洋、地中海）

▲ 清國軍艦「靖遠」（上）、「來遠」（中）（陳悦提供）、「定遠」（下）

中國方面記載（據丁汝昌給李鴻章的報告）：「……午初，遙見西南有煙東來，知是倭船……」

日本方面記載（據日方發表的戰報）：「……午前十一時二十五分，遠遠看見東北方煤煙沖天，吉野先舉起信號旗，報告發現了敵軍艦……」

「定遠」艦洋員英國人泰萊（W.F. Tyler）記載：「……當時船役已鳴號開午飯。我默默對着餐桌，菜餚是燒白鴿。忽然一個軍官衝入，說：『先生，日艦已出現。』船中的

▲ 日本軍艦「橋立」（上左）、「高千穗」（上中）、「赤城」（上右）、「扶桑」（下左）、「松島」（下右）

將士全部登上甲板，只見地平線上薄煙如柱。提督（丁汝昌）、總兵（劉步蟾）和漢納根（時任北洋海軍幫辦）聚集在艦橋上，我趕過去，一起商量還有多少準備時間。午餐號又響了，眾人又入甲板之下。旗尉則忙於指揮信旗，煙囱開始噴吐唐山煤的濃煙。」

中方記載：「我軍以夾縫雁行陣向前疾駛，倭人以十二艦魚貫猛撲。」

日方記載：「（第一遊擊隊）提高速力前進，本隊亦繼續前進。午後零點三分，在大檣上高舉軍艦旗，進行戰鬥準備。……零點三十五分，已經能明顯看見敵艦，細一審視，定遠作為旗艦在中央，鎮遠、來遠、靖遠、超勇、揚威在右，經遠、致遠、廣甲、濟遠在左，形成三角形的突梯陣，另有平遠、廣丙和水雷艇數隻，稍離在後。」

日本海軍的「第一遊擊隊」就是在豐島海戰中出現過的「殺手」，包括「吉野」、「高千穗」、「秋津洲」、「浪速」四艦，本隊包括「松島」、「千代田」、「嚴島」、「橋立」、「比睿」、「扶桑」、「赤城」七艦和有日本海軍軍令部長樺山資紀中將坐鎮的武裝商船「西京丸」。中日雙方，十二艘船對十二艘船，中方總噸位三萬一千噸，日方總噸位三萬八千噸，中方有堅固的鐵甲艦和多於日本的大口徑炮，日方的航速射速比中國高。在兩國艦隊中，各有一批從六七十年代就開始培養、曾留學歐美的海軍將領。即將到來的這場激戰，幾乎可以說是一場「留學生大戰」，它無異於兩個民族近三十年「維新」和「振作」的成果的總較量。

雙方以不同的方式佔位取勢。

交戰前的態勢如下圖：

北洋艦隊是在護送陸軍去鴨綠江口登陸後，於返航途中與日艦遭遇的。換句話說，日本艦隊是早有準備地在北洋海軍必經的航道上搜索，志在必得。但相同的是，雙方身後都有強大的「催戰」壓力。對於這第一次大規模決戰，沒有一方會輕鬆自若。

中國艦隊由返航隊形「五疊雁行陣」（可視為五列橫隊

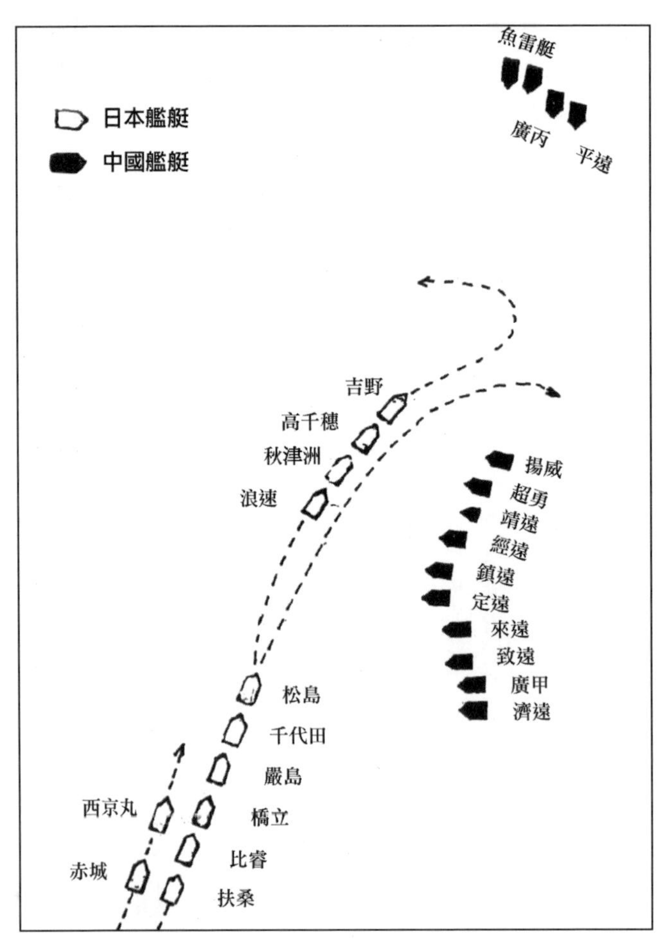

◀ 交戰圖

或兩路縱隊）轉為丁汝昌報告中所說的「夾縫雁行陣」（即錯開的兩列橫隊），有八艘軍艦須向兩翼機動佔位。這是一個「堂堂之陣」，鐵甲居中，諸艦旁列，如古戰場上衆騎簇擁着主帥。海戰史上，這被稱為「衝擊戰術」。一八六六年「利薩海戰」中，奧地利艦隊曾用這種戰術衝破意大利海軍的編隊。由於「超勇」、「揚威」、「濟遠」的速度慢而佔位路遠，全隊在戰鬥打響時實際形成的是略呈弧形的一字雁行陣，泰萊稱作「半月形」。

丁汝昌在戰鬥打響前對各艦下達三條命令：一、艦型同一諸艦，須協同動作，互相援助；二、始終以艦艏向敵，借得保持其位置而為基本戰術；三、諸艦務於可能範圍內，隨同旗艦運動之。

這個幾乎被革職，正「戴罪自效」的提督，在與日本艦隊突然遭遇的時候，會是一種甚麼樣的精神狀態？

「倭人以十二艦魚貫猛撲……」

「兩軍相距只有六千公尺了」，日方記載，「定遠首先發炮挑戰。我先鋒隊（第一遊擊隊）大概都進到距敵約三千公尺時才回炮，猛擊其右翼而走過敵陣」。「兩軍大小各炮，連環轟發，不少間斷」。「硝煙掩海，炮聲震天。」

日本第一遊擊隊中的軍艦，最慢的速度也達到十五節，與北洋艦隊最快的艦相當。這意味着，「殺手」可以十五節的時速整體運動。一八七一年留學美國的坪井航三作為指揮官坐鎮「吉野」，一八七六年留學德國的河原要一是「吉野」艦長，一八七一年留學英國的東鄉平八郎是「浪速」艦長，他們的小隊冒着彈雨，飛快地從北洋艦隊的「堂堂主陣」前掠過，直撲右翼。

日本人的秘訣，在於把軍艦按速度的快慢分成了兩隊，且始終以縱隊（魚貫陣）對付北洋艦隊的橫隊（雁行陣）。

▲ 日本隨軍記者拍攝的黃海海戰

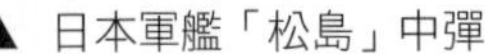

▲ 日本軍艦「松島」中彈

中方記載日本的陣型為「太極陣」。

海戰專家楊志本和許華撰文認為：各艦「始終以艦艏向敵」的北洋艦隊，把各艦的射擊舷角幾乎都被逼限制到零度方向，全部的艦尾炮、舷炮以及位於翼端之艦的艏炮的火力被大大限制。橫隊則嚴重不利於全隊的統一機動。而適時實施機動與充分發揚火力，正是以艦炮為主要攻擊武器的近代海軍艦隊或艦艇編隊制勝之要訣。黃海海戰中的北洋海軍，其戰役指揮是嚴重失誤的。

日方記載：「遊擊隊橫過支那艦隊之前面，而攻其右翼，相距至一千七百碼之近，遂猛撲『揚威』、『超勇』……而斯時之陣型，支那全隊之半被敝於己艦，而不能發炮。」

「超勇」·「揚威」

最早懸掛龍旗由中國人駕駛回華的這一對「碰快船」，成為日本海軍「殺手」的最早的獵物。這一對木質包鐵皮舊式巡洋艦，儘管速力遲緩，防護薄弱，武備陳舊，得不到側翼的火力支援，仍向號稱「帝國精銳」的「吉野」四艦奮力拚戰。四艦向「超勇」、「揚威」二艦作低彈道抵近射擊，激戰中，兩艦先後中彈起火。日軍當時所用的炮彈，裝填烈性苦味酸炸藥。二艦中彈後，烈焰滾滾，不可收拾。黑煙將「超勇」整個遮蔽了。管帶黃建勳（馬尾第一期學生，曾赴英國學習，登英艦實習），在軍艦被烈火焚沒時落水，有魚雷艇駛近相救，拋長繩援之，黃建勳不就而沉。「揚威」艦管帶林履中，駕駛大火熊熊的軍艦駛離戰場撲救。與此同時，日本本隊「松島」等艦正駛至「定遠」右方。

「各艦始終以艦艏向敵……」

北洋艦隊各艦向右轉四度，對準日艦本隊。日本海軍本隊旗艦「松島」等快速掠過「定遠」等艦，再向北洋艦隊右翼迂迴。但北洋艦隊已插入敵陣，將日艦本隊攔腰衝斷。日本的後繼弱艦「比睿」、「赤城」、「西京丸」正撞在中國海軍的炮口上。「定遠」以重炮猛攻「松島」等艦，各艦圍獵「比睿」三船。這是日本人的恐怖時刻。

「比睿」

它離本隊越來越遠——這艘兩千餘噸的舊式鐵甲艦，因速度低落伍，距本隊足有一千三百多米。「定遠」、「經遠」乘機急追，企圖衝撞。緊急中，「比睿」向右迴旋艦艏，冒死闖入「定遠」、「經遠」之間，欲取捷徑奪路而逃，與本隊會合。日方記載：「『比睿』號受到敵數艦包圍攻擊，已經體無完膚，船體、桅、索具等悉遭破壞，「懸掛在檣頭上的軍旗也被擊碎」，不多時，被「定遠」重炮命中。炮彈在後檣中爆炸，破壞下甲板，「十數人被擊成碎粉而死，『比睿』碰出濃煙，甚高甚烈」。然而它竟奇跡般地虎口逃生，衝出重圍。

「赤城」

在龐大的中國軍艦面前，它如同在猛虎前戰慄的羔羊。六百二十二噸，這條炮艦是那麼弱小。日方記載：「當『比睿』號橫穿敵隊陣型後，『經遠』、『致遠』、『廣甲』各艦猛撲『赤城』號，至距離約八百米時，對『赤城』號組成交叉炮火，其苦戰程度可知。」艦上突然傳出了高亢而嘶啞的軍歌聲，那是年輕的艦長，那位明治維新後畢業於海軍兵學寮，曾去英國接艦、曾任駐俄武官的阪元八郎太，正謳歌鼓舞士氣。午後一時二十五分，「定遠」艦艉克虜伯大炮命中「赤城」，彈片飛迸，「打穿正在看海圖之阪元艦長頭部，鮮血及腦漿濺在海圖台上，染紅了羅盤針」。阪元八郎太少佐立時斃命。

「西京丸」

它駛出陣外，正撞上中國海軍的後繼艦隻「平遠」、「廣丙」和魚雷艇「福龍」。中國軍艦在五百米的近距離內向這艘一千六百餘噸的武裝商船轟擊。「廣丙」管帶，在檀香山長大的華僑子弟程璧光和幫帶大副、官費留美生黃祖蓮，指揮「廣丙」擊中樺山資紀乘坐的「西京丸」，「西京丸」舵被轟斷，火勢正猛，「福龍」魚雷艇飛速逼進，連發兩枚魚雷，首枚偏右未中，第二枚貼右舷通過。「福龍」在離「西京丸」左舷艦艄四十米的近距離內，發射第三枚魚雷。日本海軍軍令部長樺山資紀率幕僚正在艦橋上，見狀駭極無言，「以為我事已畢」。誰知魚雷從「西京丸」艦下通過，從右舷逸出。日方記載：「『西京丸』的命運猶如風前殘燭，幸而魚雷從船底馳過，真是天佑神助！」

中國人幾乎是泰山壓頂，為甚麼竟沒能擊沉這三艦中的任何一艘？

歷史常常是被偶然性決定的……

北洋海軍真是命運不濟嗎？

和日本人這三艘艦自稱的「僥天之幸」比較，中國人在黃海大海戰中的確背運了。據說當時風向就很糟，硝煙都彌漫於中國軍艦之前。更重要的是，「定遠」在第一輪交火中就桅桿中彈，信號橫桁被毀。

事實上，北洋艦隊在開戰伊始便已失控。「督旗不升，各船耳目無所繫屬」，後來，「督船忽左忽右，亦無旗令，而陣勢益散漫……」

北洋艦隊在圍獵「三艦」時已經在各自為戰，打起了亂仗……

而日本人的「殺手」和本隊的五艘主力艦始終在整體運動！

「殺手」以十四節的編隊速度整體運動……

日本海軍第一遊擊隊在擊毀「超勇」、重創「揚威」後，在北洋艦隊右翼方向快速地甩了兩個圈：它原準備向左一百八十度回航，再繞到北洋艦隊正面，但「松島」發信號令其歸隊。及至追上本隊，又見「西京丸」發出「比睿」、「赤城」危險的信號，於是再作一百八十度向左回航。在形勢急變的戰場上，它靠着速度應變自如，隊形始終不變。泰萊記載：「敵人始終秩序井然，如在操演中。」它繞到北洋艦隊陣前，本隊已繞到北洋艦隊背後，兩隊成夾擊之勢，使中國海軍處境窘迫，陣型蜷縮。日艦原本為了救急，結果彷彿順勢行棋，在紋枰上走出了「大模樣」，參見下圖：

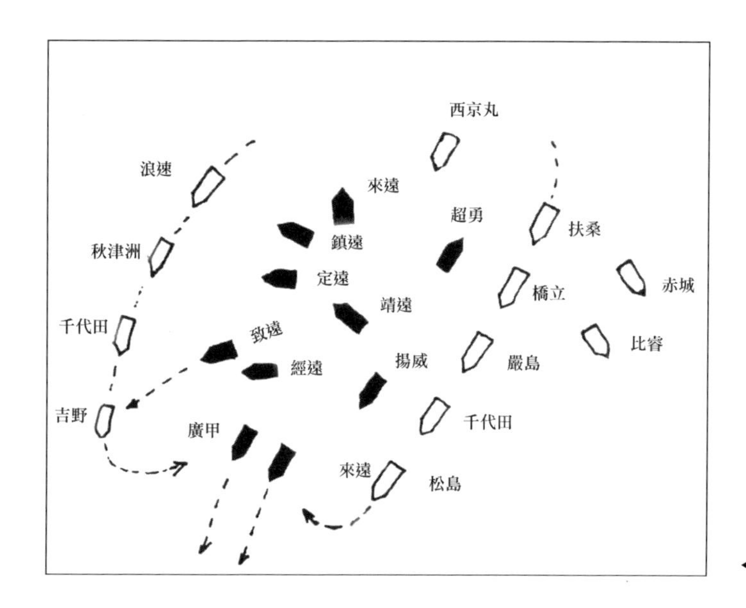

◀ 戰圖

中腹絞殺開始了。

日方記載：「支那艦隊之位置，其橫陣既化為全無紀律之團塊。一面受遊擊隊之攻擊，一面受本隊之攻擊。」

中方記載：「（日艦）旋即回隊，圍繞我軍，夾擊包抄，開花子彈如雨，一排所發，即有百餘子之多。」

「致遠」

當號稱「帝國精銳」的「吉野」四艦以十四節的速率向「定遠」艦逼近時，中國海軍陣中忽有一船「開足輪機，駛出『定遠』之前」。這是二千三百噸的巡洋艦「致遠」，日方記載：「『致遠』有豪勇敢為之艦長，開戰伊始，即出陣外，與遊擊隊挑戰……。」

鄧世昌。

清史記載：世昌在危急之時激勵將士：「吾輩從軍衛國，早置生死於度外，今日之事，有死而已！」「然雖死，而海軍聲威弗替，是即所以報國也！」

▲ 北洋海軍中軍中營副將，「致遠」巡洋艦管帶鄧世昌（第一屆「馬尾學生」，曾兩次赴歐接船）。

在當年馬尾的少年中，年齡稍大的鄧世昌是極少數幾個入學前就已跟歐洲人學過英文和算學的孩子，也是畢業後最早任艦長（因此未去英國留學）的人。他雖未留洋，然「西學甚深」，曾兩度去歐洲接船，「超勇」是他駕駛回國的。「致遠」、「靖遠」、「經遠」、「來遠」四艦也是他帶隊駕駛回國的。他「英氣勃發」。第二次接艦歸途，他命令一路操演，那「終日間變陣必數次」、「時或操火險，時或操水險，時或作備攻狀，時或作攻敵計」，艦上將士「莫不踴躍奮發」的情景，至今歷歷在人眼前。

「致遠」衝向「殺手」。

爆彈充滿空中，海水似崩坍一般地翻騰。「致遠」的甲板「靡碎無遺」，上部構造與煙囪「狀如蜂巢」。日方評論：「其艦長之出此計，非徒無益，而又害之。」日艦炮火射速優於中國。「致遠」連續受到「十寸至十三寸重炮榴霰彈的打擊，水線下受傷」。中方評論：黃海海戰，我軍「怯者過怯，勇者過勇」。

有史料記載鄧世昌是個孤獨的將領。他是北洋艦隊中惟一的廣東籍艦長，「不飲博，不觀劇，非時未嘗登岸。衆以其立異，益忌視之」。戰爭爆發前，有人控告他鞭打士兵致死，「屍不可得」，劉步蟾正決意追查。

性格剛烈的鄧世昌在戰前說過：「設有不測，誓與日艦同沉！」

「致遠」彈藥將盡，艦身傾斜。日本「殺手」卻似越戰越勇，「以紐狀火藥連彈裝入快炮擊之，密如雨下」。「吉野」距「致遠」越來越近，艦快炮快，有恃無恐。中方記載：鄧世昌見狀，對幫帶大副說：「倭艦專恃吉野，苟沉是船，則我軍可以集事！」於是，「鼓輪怒駛，且沿途鳴炮，不絕於耳，直衝日艦而來」，準備用

▲ 鄧世昌（中間站立之中國將領）和「致遠」艦官兵

▲ 清國軍艦「致遠」

衝角撞擊「吉野」。「吉野」迅疾規避，在就要被「致遠」撞上的關口發射魚雷。日方記載，被魚雷擊中的「致遠」「艦體之傾斜益甚，螺輪翹出水上，虛轉於空中，終挾全艦人員以俱沉。此時轟然有聲如裂帛者，恐即其氣鍋之爆裂也」。

投入大海的鄧世昌聽到了那聲撕心裂肺的爆炸。他的「致遠」漸漸消失了。他的生命終結了。在這最後一刻，他拒絕隨從推過來的救生圈，拒絕魚雷艇的營救，任海浪沒頂。突然，他的手臂被拽住——狗，他的愛犬「太陽犬」死死咬住他，不讓他沉沒。鄧世昌「斥之去」，可是「太陽犬」仍不離開。據北洋海軍老水手陳學海回憶：「太陽犬」「咬住了鄧船主的髮辮。……鄧船主按住太陽犬一起沉到海裏」。這一天，正是鄧世昌四十五週歲的生日。

「濟遠」

它在混戰中掛出了「本船已受重傷」之旗，匆匆退向淺水區，誰料在慌亂中撞上了業已擱淺的「揚威」。「揚威」在戰鬥打響後燃起大火，此時剛剛撲滅，大禍又從天降。「揚威」立即沉沒，管帶林履中（馬尾三期學生，留英學生）以下一百五十人蒙難。

「濟遠」急忙轉舵，企圖在日艦本隊和第一遊擊隊之間衝出合圍，退離戰場。

管帶方伯謙為後人千夫所指。黃海大海戰後，根據李鴻章、丁汝昌的報告，清廷電諭將方伯謙斬首。此事成為後人爭訟不休的一樁懸案：一方稱方伯謙臨陣脫逃，牽亂隊伍，罪有應得；一方稱罪名不確，係丁汝昌、劉步蟾製造的一起冤案。

方伯謙是馬尾一期學員，給嘉樂爾「夫子教習」寫信的那批孩子中的一個。最早駕駛「建威」練船出南中國海的學生中有他。他在英國皇家海軍學院成績優良。有論者說，方是一位「立志海軍，精深其業，熱愛祖國，多次上書，有抱負，有熱情，有膽略」的海軍將領。

方伯謙有方伯謙的個性。有史料記載：北洋海軍成軍後，丁汝昌在劉公島起蓋鋪屋，收其租值。各將領多租他的房住，他的房還被人租去開了妓館酒寮。只有方伯謙厭惡那裏的囂雜，自己在山上蓋房住眷。管帶們爭相仿效，沒有人再去租丁汝昌的房產。

「濟遠」率先退出戰場，「廣甲」艦也跟隨退出。日方記載：「『濟遠』及『廣甲』急於逃逸。」「吉野」四艦追出一段路，見離開戰場太遠，又回頭圍攻「經遠」。

「經遠」

這艘二千九百噸的裝甲巡洋艦被日本四艘艦纏住。日方記載：「『經遠』當『致遠』沉沒之時，甚困於火，濃煙飛騰，然仍猛突『吉野』，因復遭快炮彈之雨注，右舷左舷動搖而不能

▲ 北洋海軍左翼左營副將，「經遠」巡洋艦管帶林永升（第一屆「馬尾學生」，畢業於英國格林威治皇家海軍學院，曾在國外軍艦實習，巡歷大西洋、地中海、印度洋，到過美洲、非洲）。

▼ 清國軍艦「經遠」（陳悅提供）

定，而遊擊隊益環攻以炮火，於是其舵不能自如。終繞行一大圈而沉沒……其沉沒也，……濃煙與爆聲迸發。」馬尾一期學生、曾在留英時乘「馬那杜」鐵甲艦巡歷地中海各洋面的「經遠」管帶林永升，戰鬥中「突中炮彈，腦裂陣亡」。

「爆彈充滿於空中，海水沸騰……」

「定遠」·「鎮遠」

北洋海軍兩艘巍然如山的鐵甲艦，是日本聯合艦隊久攻不下的目標。日方記載：「『定遠』號和『鎮遠』號堅固無比，猶如中流砥柱。特別是『定遠』號裝甲沒有一處被炮彈穿透，而且炮塔也沒有發生任何故障。」中方記載：「『定』『鎮』兩艦，與倭各艦相搏，歷一時許，巨炮均受輕傷，『定遠』只有三炮，『鎮遠』只有兩炮，尚能施放，丁汝昌督同各將弁，誓死抵禦，不稍退避。敵彈霰集，每船致傷千餘處，火焚數次，一面救火，一面抵敵。丁汝昌旋受重傷，總兵劉步蟾代為督戰，指揮進退，時刻變換，敵炮不能取準。」在「定遠」烈焰洶騰的時刻，被外國人稱為「東方納爾遜」的「鎮遠」大副楊用霖，突轉「鎮遠」之舵，遮於「定遠」之前。「鎮遠」亦頻頻中彈，日方記載：「『鎮遠』前甲板，幾乎形成絕命大火。一將領集合士兵盡力救火，雖彈丸如雨，仍欣然從事，在九死一生中毅然將

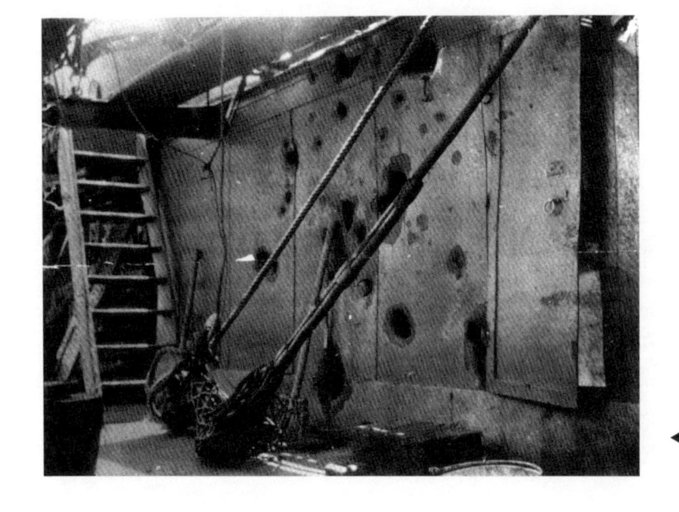

◀ 黃海海戰後「定遠」艦上的彈痕（陳悅提供）

火撲滅……」

三時三十分——「濟遠」、「廣甲」已經遠離，「致遠」、「經遠」、「超勇」、「揚威」沉沒不久——「鎮遠」（一說為「定遠」）發射的兩顆三十公分半巨彈命中日本旗艦「松島」（四千二百七十八噸海防艦）。彈丸擊毀艦內炮甲板上的第四號炮，放在近旁的十二公分炮的彈藥因此爆發。日方記載：「霹靂一聲，船舳傾斜了五度，冒上白煙，四顏黯澹，炮台指揮官海軍大尉志摩清直以下，死傷達一百餘人，死屍山積，血流漫船，而且火災大作……」「全船幾無所用」，日軍司令官伊東佑亨只得「率幕僚移旗艦於『橋立』」。

這是一場犬牙交錯的惡戰。日本艦隊隊形未亂，艦速射速領先，北洋艦隊爆破彈嚴重不足，將彈頭內只有微量火藥甚至沒有火藥的實心彈都發射出去。在「定遠」艦上，只見「滿海都是人」，分不清是屍首還是活人，分不清是日本水兵還是中國水兵。迷霧般的硝煙和煤煙中，分不清敵艦我艦，看不清勝敗形勢。當「致遠」沉沒時，有人遙見在空中旋轉的螺旋槳，還興高采烈地以為那是一艘被我方擊沉的日本軍艦。

只有身邊的慘狀看得真切。「鎮遠」艦上，管帶林泰曾親見三十公分半炮的一名炮手，「手握牽索進行瞄準，突來一彈將其頭截斷，頭骨粉碎，遂仆側。身旁一士兵立即上前，將無頭之身軀抱交於身後一人，而自己則緊握牽索進行修正和發射」。泰萊記載，他親眼看見一個軍官倒在姓伍的旗尉身旁，血濺四周甲板。伍君悲憤地衝着他說：「這就是文明！這就是你們外國人教會我們的！」（作者注：這位「伍君」，應當是丁汝昌的作戰參謀，曾就讀於美國瑞薩賴爾理工學院的留美幼童吳應科）。那一邊，總管炮尼格路士（英國人）身負重傷，痛不忍中向泰萊索嗎啡止痛。他靜靜地坐在可得觀戰之處，喃喃地呼喚着女兒的名字死去。雙腳負重傷的提督丁汝昌，不顧危險始終坐在通道旁，「惟坐處可見人往來，見輒望之微笑並作鼓振之語」。

▲ 北洋海軍左翼總兵兼「鎮遠」鐵甲艦管帶林泰曾（第一屆「馬尾學生」，曾在國外鐵甲艦實習，後巡歷大西洋、地中海）

整整五個小時的激戰！

「薄暮冥冥，蒼煙鎖海，雲濤杳渺，滿目慘然」。這是日本人筆下的大東溝海戰戰場。雙方都無力再戰。日本人首先整軍收隊退出戰場。這是九月十七日下午五時四十分，夜幕就要降臨。

大東溝海戰，中國損失「致遠」、「經遠」、「超勇」、「揚威」、「廣甲」五艦（「廣甲」逃跑後擱淺被日艦擊毀）。日本海軍有五艦受重傷，返港後在朝鮮海岸焚燒陣亡者屍體，大火燃燒了兩天兩夜。僥倖的是它的軍艦無一沉沒。

花園口

從中國海岸線的北端零公里處——鴨綠江口，順丹東至大連的公路向西南而行，不遠，就是那片靜靜的海灘。一九八六年初春，我的兩位軍事記者朋友騎車經過這裏，開始環繞海疆和陸疆的「周邊行」採訪。他們在綠色背囊裏裝了一本本厚而沉重的中國近代史書籍，一路尋覓着舊戰場的遺跡。但是他們忽略了這片靜靜的海灘——當他們在海邊一座小山包上訪問雷達兵小戰士時，他倆不知道那水碧沙白、鷗鳥翩翩的地方，是甲午戰爭中日軍進攻遼東半島的登陸場。這地方叫花園口，對於當年的日本人來說，它的確如花園般寧靜而美妙。

這是世界登陸作戰史上罕見的「靜悄悄的登陸」。日方記載：「花園口登陸於（十月）二十三日開始，連續進行約二週。……這期間，敵艦隊始終未作任何積極反應，我登陸作戰順利完成。」

這時距大東溝海戰已一月有餘。海戰後，北洋海軍的「定遠」、「鎮遠」各傷千餘處，舵機、炮機、起錨機均被破壞，回旅順入塢搶修。李鴻章一再催促修艦速竣，出口外傍岸游弋，使敵人「知我非束手也」。但直到十月十八日，

▲ 日本第二軍在花園口登陸（陳悅提供）

▲ 在平壤被俘的清軍（陳悅提供）

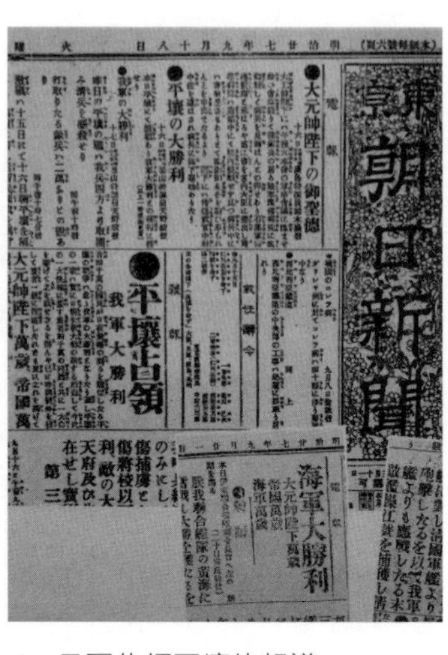

東京朝日新聞

大元帥陛下の御聖德

平壤の大勝利

平壤占領 我軍大勝利

大元帥陛下萬歲 帝國萬歲

海軍大勝利

大元帥陛下萬歲 帝國萬歲 海軍萬歲

▲ 日軍佔領平壤的報導

丁汝昌才勉強帶着尚未修畢的軍艦離開旅順，以「出巡」的名義返回威海。

日本人認為：「黃海海戰的結果使帝國完全獲得了黃海的制海權。」

日本對朝鮮戰場的水路增援和補給已不再受到任何威脅。陸軍勢如破竹。丟掉了平壤的清軍，在葉志超的率領下「狂奔五百里」退到鴨綠江邊。「潰勇紛紛過江」，一路掠奪姦淫。

為阻遏日軍向中國本土進攻，李鴻章提出「嚴防渤海以固京畿之藩籬，力保瀋陽以顧東省之根本」的戰略防禦方針。保衞清王朝陪都奉天（瀋陽）的陸軍集結於瀋陽、遼陽一帶。海軍的任務是梭巡旅順、大連、威海一線。

但是制海權已經沒有了。

於是，在中國和日本國的軍事史上，就有了這樣一次意義截然不同的靜悄悄的登陸。

海風清涼。

秋日和暖。

萬籟俱寂。

大自然將勝利與失敗竟然調理得如此和諧。

大連灣即將失陷。

京城

慈禧太后那拉氏的「六旬萬壽慶典」，從年初就已開始籌備，更確切地說，籌備從頤和園動工之日起就已開始。光緒決定，「在頤和園受賀，仿康熙、乾隆間成例，自大內至園，驊路所經，設彩棚經壇，舉行慶典」。然而命運彷彿在跟這個女人作對。她的四十壽誕，恰逢日本侵擾台灣和同治暴病；五十大壽，中法戰爭；如今六旬盛典又要在隆隆炮聲中舉行。

這個女人從二十六歲起就開始治理一個古老的帝國。從二十六歲起，她就永遠失去了一個女人的歡樂。史書，留下的是她的昏聵，她的殘暴。但是後人無法窺見她的內心。誰能解釋，多少個黃昏，她被宮女們簇擁着在紫禁城內默默無言散步時的心境；誰能體味，她抓着大太監李蓮英的手在炕邊絮叨不停時的滋味；四十多歲後，她常常發「被頭風」，清晨起來，暴躁無常——這個女人的夢境是無人可以窺見的。

她愛讀中國古典小說，讓人把《封神榜》、《水滸傳》、《西遊記》、《三國演義》都編入舊劇，並親自教太監扮演那些傳奇的英雄。她歎着氣對人說：「我們國家如有這樣的人，把兵權交給他們，豈還畏懼外國人的槍炮？」

命運在跟這個女人作對。她從嫵媚活潑的青春時代走進憂鬱煩躁的花甲之年，數十年兵連禍結。「辦洋務甚不容易啊……」她曾對即將出國擔任駐英法公使的曾國藩之子曾紀澤歎息。曾紀澤對曰：「辦洋務難處，在外國人不講理，中國人不明事勢。中國臣民常恨洋人，不消說了，但須徐圖自強，乃能為濟，斷非毀一教堂、殺一洋人，便算報仇雪恥。」

「可不是麼！」慈禧說，「我們此仇何能一日忘記，但是要慢慢自強起來。你方才的話說得很明白，斷非殺一人、燒一屋就算報了仇的。」

▲ 慈禧的萬壽節能辦下去嗎？慈禧的萬壽節能不辦下去嗎？

她支持自強運動。支持辦海軍。

她同時要頤和園。要「萬壽慶典」。

遠方炮聲隆隆。

「慶典」還能辦下去嗎？

「慶典」能不辦下去嗎？

戰事日益擴大之時，一些主戰的廷臣紛紛要求壓縮慶典的規模，戶部也曾上疏請停頤和園修繕工程。傳說慈禧怒不可遏，說：「今日令吾不歡者，吾亦將令彼終生不歡。」圓滑的翁同龢立即改口，說他講要停下來的是「以後尋常工程」，不是指為「慶典」所做的準備工作。但慈禧也確實親自刪除了「慶典」中許多鋪張的項目，使實際舉行的「慶典」已不如最初的籌備計劃。只是「慶典」決不可能停辦，慈禧不會允許，光緒也不會允許。這是中國的政治。

我無法描繪那氣勢浩大、色彩炫目，然而連慈禧本人都已感到如勉強作戲的「六旬萬壽慶典」。我只能在令人眼花繚亂的史料中摘錄下一堆名詞——如故宮博物院內保存下來的已經陳舊、已經銹蝕的一件件古老文物。它們是那連續數日的「慶典」留下的一鱗半爪的證物，歷史的過程、情緒、氣氛都已隱沒在它們之中。

王公大臣及外省封疆大吏呈進的「六旬萬壽貢品」：

無量壽佛。壽軸。壽字朝珠。

綠玉紅瑪瑙壽星仙桃。

綠玉。白玉。玳瑁。檀香。

金字經。時樂鐘。伽南香。

珊瑚盆景。翠玉麻姑。
景泰藍鳳凰。
景泰藍銅鶴。……
……

太后加恩賞賜的賜物：

千柄如意。
五百件瓷瓶。
八百四十掛朝珠。
一千五百銅手爐。
三百黃盤。……
……

太后從頤和園還宮沿途——

金輦。金龍畫轎。
暖轎。亮轎。
明黃漆車。朱紅漆車。
三千七百人儀仗隊。
朝衣。蟒衣。紅綢紗駕衣。
……

沿途——

彩殿。彩棚。龍棚。經棚。
經壇。牌樓。亭座。
戲台。音樂樓。
燈樓。燈彩影壁。燈遊廊。……
龍旗御樓。黃緞龍旗。
上書「某處某官恭祝萬壽無疆」的祝嘏牌。……

「慶典」——

皇極殿前山呼萬歲的羣臣百官。
僧衆。樂師。
中和韶樂。丹陛大樂。
滿蒙樂曲。慶隆舞樂章。
樂隊齊奏的《海宇升平之歌》。
「福」、「祿」、「壽」三台戲。
……

慈禧賞聽戲三日。

▲ 日軍第二軍司令大山岩（中）和妻子山川舍松（左）。山川舍松是日本最早的留美學生，他的同學中有中國的留美幼童詹天佑。

十月初十日是軍情緊迫的一天。李鴻章再也不能像十年或二十年前那樣，為去參加盛典，早幾日每天在總督衙門內練習跪拜。他一步也不能離開天津。李鴻章比慈禧年長十二歲。他對慈禧是敬畏的——但這僅是人們所看到的。一八八二年，李鴻章回合肥為母服喪，曾捐銀二千八百兩，為他的同鄉前輩包拯重修了一府「包公祠」。他親筆撰寫的碑文《重修包孝肅祠記》，開篇讚頌包公的，不是「剛正不阿，執法如山」，而是「爭國本」——讚頌包說服宋仁宗及時選取立皇太子，避免了母后專橫的局面。這僅僅數百字的碑文流露了李鴻章的內心憂慮，李鴻章在慈禧六十大壽之日正焦頭爛額，他在萬壽節當日發出的所有軍事電報如下（僅供讀者感受十月初十這一天的氣氛，故電文中所涉及人名事件不一一作注）。

辰刻（早晨七時至九時）。致總理衙門：宋提督佳戌電：已飭宋、馬兩鎮今日由連山關越嶺來甜水站，將後隊輜重留遼陽，各帶輕銳，並令劉世俊亦挑千餘人為繼。由海蓋大道趕進到金（州），約七八百里，惟有迅速前去……。

辰刻。致總理衙門：滬局沈道電：探聞倭政府亦議借洋債，並有英富商願借兵債與倭。聞倭主減膳，每日理事，由卯至戌。……」（最後一句說的是日本天皇在戰爭期間節衣縮食，每日從清晨到深夜忙於軍國大事。李鴻章在萬壽節這天把這樣的話發給朝廷，是巧合麼？——作者）

辰刻。致總理衙門：呂本元電：宋幫辦始終飭帶馬隊殿後，前在唐山城、鳳凰城南兩遇倭騎兵多名，皆派隊擊退。現住草河口，距摩天嶺四十餘里，昨派百騎探至雪里站，倭探駐此，力追十餘里。該處居民

▲ 被日軍擊斃的清軍士兵

▲ 日軍進攻遼東半島

▲ 攀爬金州城牆的日軍

說，鳳城有倭二千人。

巳刻（九時至十一時）。致駐法國公使龔照瑗：法使允出頭力勸日議和，已電外部候覆。

巳刻。致督辦軍務處：（大連）灣、旅（順）情形萬緊，日提督大山岩水陸全力專注此路。金（州）、旅（順）電斷，消息難通。頃旅順河泊司英弁賈禮達附運兵船回津面稱，連日日快船時來旅（順）口窺伺，初八下午，炮台擊壞其雷艇一隻而回。……據賈禮云：敵蹤距旅（順）尚百里，各軍防守加嚴，惟各分統無人督率，號令不齊。……至旅順後路，添築土炮台，多挖地營地溝，密佈地雷，前已迭飭諸將籌辦，……再，前派英弁赴皮子窩密探，該口日有大快輪兵艦十四隻，運船二十六隻，皆設快炮，又魚雷艇七隻，往來梭巡。丁汝昌海艦現僅修好六隻，小雷艇僅二隻可出海，力量太單，未便輕進，致有損失。

午刻（十一時至十三時）。致宋慶：日提督大山岩在金州，其水陸全力在此。大高嶺留聶鎮及盛軍嚴守，或可支持。旅順昨尚無警，惟商民工匠逃散殆盡，電報不通。日來守禦如何？中外均懸繫。……

午刻。覆袁世凱（袁已回國）：宋帥擬簡精銳由海蓋一路南趨，老當益壯。日久軍糧若何接濟，祈與玉山妥籌。鳳城賊無多，其全力注金（州）、旅（順）。電斷後，（大連）灣數日無信，不知存亡。旅（順）昨有船來云，敵船常在口外游弋，後路尚無賊，但姜、程、衛無人統率，能否同心固守待援，殊深焦慮。若旅（順）失，則大局危……

申刻（十五時至十七時）。致總理衙門：徐邦道、趙懷業由雷艇寄到初八戌電：邦道馬、炮、步對並懷業步隊二百，連順抬槍隊二百，晨早在老虎山與倭賊開仗。打至五點鐘尚未收隊。……現在大孤山有（日）兵船四隻，西北又來兩隻，有抄後路之意。奈後路空虛，求酌撥數營，星夜來灣救援。……查海路梗塞，無營可調，無路能去，徒為焦急。

申刻。致總理衙門：……衛鎮汝成由旅（順）統帶成字五營，星夜赴（大連）灣援應……

申刻。致山東巡撫李秉衡：「本日奉旨：『李秉衡電悉。章高元八營着照所請，即日東渡，毋得刻延。着李鴻章派船速往載運。欽此。』……查日艦現在旅（順）口游弋，商輪不敢冒險前進。聞日不拿民船，章隊到後，求飭劉道僱用民船，陸續傍海沿水淺處暗渡。」

申刻。致總理衙門：「煙台劉道午電：『左一』雷艇，寅正自旅（順）開行。金州已失。昨夜敵船至羊頭窪放炮，敵雷艇甚多，英船傳信云，專要打沉『定』、『鎮』兩艦。丁提督因旅順受敵，今夜暗渡威海，擬明早六點鐘到威（海）歸隊。旅順各營台、水雷營，均防守如舊。……」

申刻。覆煙台劉道含芳：「『康濟』應緩開行。『左一』是否已回？海軍是否到威（海）？即探示。」[58]

壽燭的殘淚將盡。

58《李鴻章全集（三）》，頁一三二。

十月初十萬壽節早晨，宮眷每人購鳥百種，獻給慈禧，慈禧也購鳥萬頭以放生。一時間「殿懸鳥籠無數」，偌大的頤和園內，到處是鳥羽撲打之聲。「孝欽（慈禧）……率宮人登山，山顛有廟，先焚香禱神。太監各攜一籠，孝欽開籠放之，祝其不再為人所捉。」

萬鳥齊飛！

落羽似雪……

萬鳥朝鳳，何等的大吉大慶！這一時刻，慈禧笑了。她喜愛她的位置。她哪裏知道，此時，山背後等待着的許多太監，正張網捕捉剛飛出籠子的鳥兒。一切都在囚籠之中。

慈禧微笑着送走漫天飛鳥，突然，她發現一隻色彩斑斕的鸚鵡，乖巧而親昵地立在她的面前。大太監李蓮英親手為牠打開身繫的金鏈，然而，放生後這鸚鵡卻立而不飛。李蓮英跪奏曰：「老佛爺福大，鸚鵡感動慈悲，自願在宮伺候。」慈禧聽了為之感動，她哪裏知道，這通靈性的鳥兒，是李蓮英預先馴養的。[59]

大清帝國的第一女人，望着這隻「神奇」的鳥兒。這隻鳥兒望着大清帝國第一女人。竟是一樣的眼神，一樣的憂愁。

這一日並不吉利。

十月初十（十一月七日），是大清國皇太后慈禧的萬壽節。

十月初十（十一月七日），日軍佔領大連灣。中國海軍的戰略基地旅順危在旦夕。

旅順口

已經沒有任何力量，能阻止這次「冷靜」的失敗。

沒有任何力量。死亡陰影逼近。旅順口外的大連灣海面上，海水近乎慘藍，如墓地，而在黃海大海戰損傷嚴重的日本軍艦，此刻正橫排一字陣，冷冷地注視着這個即將陷落的海灣城市。

「萬壽節」次日，李鴻章接到光緒關於「力圖救援」旅順的御旨。

旅順城內民心大亂。好端端一座城市，實已不攻自破。船塢的工匠們成羣闖入金庫，爭搶庫銀。駐旅清兵砸開銀號的舖門，為奪財奪物大打出手。連水雷學堂的學生也加入了失去理智的濁流，和從前方敗退下來的散兵遊勇一同攔路搶劫，在十室九空的民宅中做最後的搜刮。官員則在港口搶船、搶船工、搶着把已佔為己有的各種貴重公物搬上船，倉皇逃渡煙台。

李鴻章五內俱焚。從日軍佔領大連灣到旅順陷落，其中經歷了十多天時間。時間在沉重地流逝，疫症般的噩運卻在

59 徐珂：《清稗類抄（一）》（北京：中華書局，一九八四年），頁四〇七。

▲ 旅順軍港

蔓延。驚恐的情緒彌漫遼東。在前線辦理糧草的官員為「鄉戶驚散，車馬難徵」、「民間車輛，非變賣拆毀，即遙寄邊外城市，輪蹄絕跡」而一籌莫展。軍事指揮官為軍心大亂茫然無措。投降日軍的清兵日見甚多，日軍給每人發大洋十塊、衣褲帽鞋一套，那些中國士兵就剪去髮辮，為日本人充當進攻旅順的嚮導。

旅順是甲午戰爭中國人士氣崩潰的起點。隨之崩潰的將是中國北洋海軍。

慈禧六旬慶典當日，為大連旅順戰事，代理兩江總督張之洞提出「無論或戰或和，總非有船不行」。然而，當廷旨令調他手下南洋海軍四艘軍艦增援北洋時，他卻說南洋有軍艦而無人才，須李鴻章派北洋的人才去南洋駕船——李鴻章又一次悲哀地感覺到幾千年彌漫在官場上的那種出自畛域的圓滑。在這期間，他早已奏准調山東陸軍章高元部渡海援旅，章高元部卻因糧餉、車馬等瑣事遲遲未能集結，奉旨後竟拖延十數日不能啟程，直到旅順陷落的前一天才在海軍護送下登上遼東半島。

李鴻章所有的希望，都將隨着一條黑色的曲線走向終結。他就像一隻被縛住手腳懸在蛛網中的小蟲。久久尾隨他的孤獨，忽而將他浸沒在一片死海裏，忽而又將他浸泡在沸水中。他的北洋艦隊，他的船，僅僅是在陽光下閃動着的一片茫茫亮光。

「以北洋一隅，搏倭人全國之力」，李鴻章歎道。此時，他比任何人都清楚，他和他的北洋艦隊面臨着甚麼。「萬壽節」次日，在接到光緒「力圖援救旅順」的聖旨後，立即發電給剛剛撤回劉公島的丁汝昌：

旅順警急……寇在門庭，汝豈能避處威海，坐視潰裂？

他命令丁汝昌立即帶六艘艦到大沽，和他面商去旅順拚戰救援事宜。「即刻起碇，勿遲誤」。這是他最後的一搏。對於丁汝昌來說，這一搏同樣殘酷。無論在戰場上還是官場上，他們都已焦頭爛額。

但當大連灣失守、日艦在旅順口外游弋的消息已經證實後，李鴻章的德國助手漢納根力主「軍艦不可冒險去旅順」，建議仍回威海。而且光緒皇帝同日降旨，嚴令確保「定遠」、「鎮遠」鐵甲艦的安全：

▲ 日軍的炮兵

▲ 日軍佔領旅順

倘兩船有失，即將丁汝昌軍前正法！

但丁汝昌還是遵照李鴻章的命令，在十一月十三日率六艦抵達已經一片末日景象的旅順。剛剛繫泊，就聽說旅順的芋頭窪、小平島一帶海面有日本魚雷艇活動，因恐失事，當夜又帶着軍艦返回威海。

這是北洋艦隊和它的戰略基地旅順口最後的訣別。

陰影濃重。那一夜，滿天黑雲，不見星斗。十四日晨，薄霧濛濛，「定遠」和「鎮遠」一前一後，相繼駛入劉公島北海口。濃烈的戰爭氣氛，以其沉緩而巨大的力量，以其無法抗拒的冷漠，緊緊地簇裹着這一雙孿生兄弟。此時，站在「鎮遠」駕駛台上的北洋海軍左翼總兵林泰曾正觀察因佈水雷而設置的航道標誌，忽然，他感覺到船身猛烈震動了一下，緊接着又是一下……船很快傾斜，開始下沉。彷佛氣數已盡，這艘在大東溝海戰中受傷千處都不曾沉浸的鐵甲艦，竟然在這要命的時刻，在自家門口觸上島嘴的礁石！

十六日晨，林泰曾服毒自殺。

林泰曾，曾在英国皇家海軍见習的福建船政学堂优秀学生，躺在冰冷的臥榻上，已全無昔日的風采。當年，在英國樸茨茅斯港口女皇檢閱海軍的盛典上，他生氣勃勃地跑前跑後，為中國公使駕舢板引路……軍艦被擦開了八道裂口，官兵已經拚死把漏洞堵住。然而，林泰曾的精神已經垮了。他在數次海戰中能昂然對敵，可是，在讒言紛雜的「人言場」中，他早已惶惶然。他死後，光緒皇帝果然要追查這次

▲ 日本人在歡慶勝利的繪畫

事故是否奸細有意破壞。丁汝昌給李鴻章的電報稱：「林泰曾何故遽爾輕生，嚴詢該船員弁，據稱該鎮素日謹慎，今因海軍首重鐵艦，時局方棘，巨船受傷，辜負國恩，難對上憲。又恐外人不察，動謂畏葸故傷，退縮規避，罪重名惡，故痛不欲生，服毒自盡，救護不及，並無他故及奸細勾通各事！……」

這是島國日本的盛大節日。明治維新的偉大思想家，被稱為「日本伏爾泰」的福澤諭吉領導的慶應義塾的學生，在聽到旅順陷落的消息時，狂喜地奔上大街，挽着手遊行歌唱：

文明與野蠻如同雪與炭，
實無長久融合之希望。
遲早要降一場血雨，
雨後天空才能晴朗。
正當如此思慮之時，
懲罰野蠻的時機到來，
文明軍隊所向無敵，
旌頭直指陸地大海……

也就在這歌聲中，震驚世界的旅順大屠殺開始了。這場大屠殺持續了整整四天三夜，在旅順口未及逃離的中國人幾乎被斬盡殺絕。

當時美國報紙稱「日本為蒙文明皮膚、具野蠻筋骨之怪獸」。

莫非正像馬克思所說：「無論古老世界崩潰的情景對於我們個人的感情是怎樣難受，但是從歷史觀點來看，我們有權同歌德一起高唱：『既然痛苦是快樂的源泉，那又何必因痛苦而傷心？難道不是有無數的生靈，曾遭到鐵木耳的蹂躪？』」甲午，也使我們想起代表地中海文明的亞歷山大征服衰落的文明古國埃及，又使我們想起在蠻族鐵蹄下的毀滅。

英國國際公法學者胡蘭德博士記載：（日軍）除戰勝的當天，從翌日起，殘殺四天，非戰鬥者的婦女兒童也不能倖免。從軍的歐洲軍人和特約通信員目睹了如此殘虐的景象，但無法制止。此時未被殺害的華人，全市僅存三十六人！而且這三十六人，還是為埋葬同胞屍體而殘留的，每個人的帽子上寫着「此人不可殺戮」的標記！

三十六人中的鮑紹武在五十年代初回憶：在挨門挨戶收屍體時，看到有的一家老少躺在炕上還沒起來都被捅死在炕上。有的媽媽緊緊地抱着吃奶的孩子，被一起捅死。有的買賣家，櫃枱裏外有的坐在椅子上被捅死，有的倒在地板上。一個錢莊的木柵欄上面插着許多被砍下的頭……

鄉民王宏照說：有一天，鬼子們用刺刀逼着我們抬着四具屍體往旅順送，我們到旅順一看，家家戶戶

▲ 旅順大屠殺

敞着門，裏面橫七豎八的屍體，有的掉了頭，有的橫倒在櫃枱上，有的被開膛，腸子流在外面一大堆，鮮血噴得滿牆都是，屍體把街都鋪滿了。

英國海員阿倫，當時正站在一個水泡子邊。「我立的地方極高，望那池塘離我一丈五尺」，他在回憶錄中寫道：「只見那池塘岸邊，立滿了日本兵，趕着一羣逃難的人逼他們向池塘裏去，逃難人擠滿了一池。只見人頭攢動，忽沉忽沒，日本人遠的放洋槍打，近的拿洋槍上的刀來刺。水裏斷頭的、腰斬的、穿胸的、破腹的，攪作一團。池塘裏的水，攪得通紅一片。只見日本兵在岸上歡笑狂喊，似乎把殘殺當作作樂。池塘裏的活人，還在死屍上扒來扒去，滿身血污……內中一個女人，抱着一個小孩，浮出水面，向着日本兵淒慘地哀求。將近岸邊，日本兵就用槍刺來戳，竟當心戳了個對穿。第二下就戳這小孩子，只見洋槍刺一戳，小孩子就戳在那槍頭上，只見他豎起槍來，搖了幾搖，當作玩耍的東西，這孩子約只有兩歲……」阿倫不忍再看，回頭逃走，「一路走來，死屍墊地。經過一處，看見十來個日本兵，捉了許多逃難人，把那辮子打一個結，便慢慢地當槍靶子打。有時斬下一隻手，有時割下一隻耳，有時剁下一隻腳，有時砍下一個頭，好像慘殺一個，他便快活一分……一路上那槍聲、喊聲、哭聲，臨死的哀聲、發笑聲，嚷個不絕。滿地血肉模糊，殘肢斷體，鋪滿道路。那狹弄裏死屍堆積如山，還有一個大釘，釘着一個幾月的小孩，那地板上的血，足有三寸厚。死屍重重疊疊堆了起來。那零零落落的手、腳、頭，到處皆是。」

據《旅大史話》記載：屍體抬了一個月才抬完。抬到花溝張家窯的兩萬多屍體，堆成屍山，日本人命令用油來澆，用火來燒，燒了十幾天才燒完。燒成骨灰，草草裝了四口大棺材，埋在白玉山東麓的安葬崗，就是今天大家所憑弔的「萬忠墓」。

這是一座象徵中國軍人恥辱的墓碑。

李鴻章

一八九四年十一月二十七日，渤海灣風雪彌漫。數輛由騎兵護衛的馬車在新城、大沽一帶的海堤上歪歪斜斜地艱難移動。挎洋槍的親兵在瑟瑟顫抖，風中的旗幡彷彿要扯裂般地發出嘶叫。車中，七十老人李鴻章憂鬱地望着窗外灰濛濛的世界。鉛雲低垂。原野、灘塗和海洋渾然一片。雪粒在風中疾旋。炮台、地溝、營盤……一切都被吞沒在昏暗的天色之中。

在八年前陪同醇親王奕譞大閱海防走過的天津至北塘一線，李鴻章開始了這次為期四天的最後巡視。光緒皇帝的屢次御旨，逼迫他走上這條風雪泥濘的路。

旅順陷落，意味着京津重地已經暴露在日軍的炮口之前。

北京出現逃亡的狂潮。

面對這幅戰爭的殘局，日本人之所以沒有立刻實施渤海灣登陸，從而直搗京師，是因為內閣總理大臣伊藤博文精明地估計到，如果清廷迅即垮台，享有在華利益的衆多列強會羣起干涉，日本反會成為衆矢之的，喪失既得利益。

面對殘局，李鴻章內心頗為複雜。他已接到軍機處奉旨讓他籌劃和談的密函，慈禧也派翁同龢專赴天津，與李鴻章商議再請俄國出面調停之事。他明白，戰爭實際上已經打完了。他現在所做的最後努力，實質上是在一幅殘局上竭力保存最後幾顆棋子。

海軍。

船。

就在這風雪迷茫之中，李鴻章給威海丁汝昌、戴宗騫、劉超佩、張文宣諸守將發出一份電報（此電被後來幾乎所有的近代史著作摘出「不得出大洋浪戰」一句引用，作為譴責李鴻章的證據），該電全文如下：

寄威海丁提督戴道劉鎮張鎮（光緒二十年十一月初一酉刻）

旅失威益吃緊，灣、旅敵船必來窺撲，諸將領等各有守台之責。若人逃台失，無論逃至何處，定即奏拿正法。若保台卻敵，定請破格獎賞。聞日酋向西船主言，甚畏定、鎮兩艦及威台大炮利害。有警時，丁提督應率船出，傍台炮線內合擊，不得出大洋浪戰，致有損失。戴道欲率行隊往岸遠處迎剿，若不能截其半渡，勢必敗逃，將效灣、旅覆轍耶？汝等但各固守大小炮台，效死勿去。且新炮能擊四面，敵雖滿山谷，斷不敢近，多儲糧藥，多埋地雷，多掘地溝為要。半載以來，淮將守台營者，毫無佈置，遇敵即敗，實為天下後世大恥辱事。汝等稍有天良，須爭一口氣，捨一條命，於死中求生，榮莫大焉。鴻。[60]

光緒二十年冬天，對李鴻章來說是一個奇寒的冬天。他慘澹經營一生的事業，在被戰爭一一剝去金壁輝煌的外衣後，已露出「泥胎木質」的本色。

「此間各事糟到無以復加，沒有首腦，沒有有力的人物。過去的錯誤行為釀成今日的無能為力……」海關總稅務司赫德寫信給他的倫敦辦事處主任金登幹：「中國並沒有觸怒任何人，它沒有任何過失，從來不喜歡戰爭而寧願忍受犧牲，它只是一個老大的病夫，過了若干世紀的太平歲月，無形消失了活力。現在正當它慢慢復蘇的時候，卻被這短小精悍全副武裝的日本撲到身上……」[61]

▲「汝等稍有天良，須爭一口氣，捨一條命，於死中求生。」

——李鴻章

李鴻章也曾有過居高臨下的傲慢時刻。

曾幾何時，那個他眼中乳臭未乾的黃口小兒，日本使臣柳原前光——一八七五年李鴻章處理日本侵台問題的談判對手，還如此折服地接受李鴻章的嚴辭質問。李鴻章用中國式古訓教誨柳原：

「大丈夫做事，總應光明正大。雖兵行詭道，而兩國用兵，題目總要先說明白，所謂師直為壯也」。「中國十八省人多，拚命打起來，你日本地小人寡，吃得住否」？

說到情緒激憤處，李鴻章取案上紙筆揮毫疾書云：此事如《春秋》所謂侵之襲之者是也，非和好換約之國所應為。及早挽回，尚可全交。

書罷擲筆，柳原嘿然，將條幅拿走。[62]

然而數月後，當另一個名叫森有禮的日本外交使臣站在天津直督衙門李鴻章面前時，李鴻章感覺到的已是一股咄咄逼人的氣勢。

李問：「森大人多少年紀？」

森答：「整三十歲。」

問：「森大人到過西洋？」

答：「自幼出外國周流，在英國學堂三年，環地球走過兩週。」

問：「中西學問如何？」

答：「西國所學十分有用，中國學問只有三分可取，其餘七分仍係舊樣，已無用了。」

問：「日本西學有七分麼？」

答：「五分尚沒有。」

「日本衣冠都變了，還說沒五分！」李鴻章大笑。「我對貴國近年的一切成就深為佩服，惟有一事不得其解：你們將古老衣冠改換成了歐洲式樣。衣冠乃憶念祖先之物，後人理應懷崇敬之情，世代相傳……」

---

60 《李鴻章全集（三）》，頁二一一九。

61 赫德致金登幹的信（一八九四年十月二十八日），收入《中國海關與中日戰爭》。

62 王芸生：《六十年來中國與日本（一）》（北京：三聯書店，一九七九年）。

森有禮：「倘若祖先還在世，他們也會做我們所做之事。一千年前，他們改穿中國服，只因發現中國服比以前的穿着要好。」

李鴻章：「那你們就該穿中國服！」

森有禮：「四百年前你們的祖先無人願改本朝裝束（指留辮），後來卻畢竟改了。當然這是強加於你們的……」

這是一次使李鴻章強烈感到日本「其勢日張，其志不小」的談話。[63]

距離這次談話，整整二十年過去了。

日本和中國在迥然不同的改革道路上各自走過了二十年。當戰爭的閃電劃破天空時，兩個國家國力的虛實、民心的向背、制度的優劣昭然可見。僅以投入戰爭的軍費為例，有論者指，中國在戰前收支平衡，略有盈餘，但「量入為出」的傳統理財之道毫無改變，沒有綜合預算，朝廷揮霍，地方截留，名實不副的中央財政僅可維持短程運轉，無法應付突然事變。而日本政府卻憑着高效率的制度，在戰前迅速籌措軍費一億二千萬兩，超出中國後來實際支出的軍費（五六千萬兩）一倍以上。想起二十年前和森有禮的談話，李鴻章能不慨然？

還是談話時的這座城市，還是談話時的這座衙門。昨日的高談闊論反唇相譏變成了今天殘酷的戰爭，昨日那個氣宇軒昂的李鴻章今天被逼到了山窮水盡之地。天津。這座目睹他半生甘苦半生勞瘁的城！路邊的洋燈夜夜放光，河中的火輪穿梭奔忙。牛津街的商店充斥着洋貨，買洋錶、洋鐘、洋針的人們依然川流不息。李鴻章卻在這一片喧鬧中感到滿目淒涼，心境昏暗。有人彈劾他的奏章，已經在向皇上描繪他的衰病之態：「眠食固不能安飽，語言亦時有舛誤」，「每日須洋人上電氣一百二十分，時用銅綠浸灌血管，若不如此，則終日頹然若醉。張佩綸其子婿也，每日不見則呼喚之，一見又呵斥之。子女僚友，刻不能離，而言無或聽。起居頗近於無節，號令亦幾予不時……」

天津。

這座記載了李鴻章半生功過是非的「洋務之城」。一位美國人曾稱這座城市為「喧囂的拍賣場」。

> 常年有許多買賣的代理人——這位美國人記載——川流不息地從各地區和海洋上的各島嶼走向天津的總督衙門。其中有出賣槍炮的人；有出賣水雷的人；有出賣船隻的人；有出賣來福槍的人；有出賣回轉手槍、軍需品、劍、馬兵裝備、步兵裝備、炮兵裝備、藥品、外科器具、膏藥、裹傷紗布、綳帶、病院設備、帳幕、旗子、火藥與炸藥的人；有帶着各時代狂想的、瘋癲性的一切「發明」的人；有帶着擔保每分鐘殺敵一百萬人而對「發明者」自己沒有危險的專利計劃的人。他們急流般湧向天津，每個人都說自己拿着戰爭中最可怕的武器。不幸的是，李鴻章對武器的優劣一無所知。買賣代理人爭相交結他的部署和翻譯，賄賂他的幕僚與門房。他們拜會李的廚師，奉承他的理髮匠，……李鴻章的「洋務」，常常就是這樣一次又一次的被詐騙：付出現金，買回破爛。[64]

一八九四年十一月十七日，美國公使田貝（Denby Charles）密報美國總統：「中國以完全無準備狀態而捲入戰爭，乃史無前例。其主要原因統治者之無知及與人民脫節。……中國政府幾乎無官不貪，無事不賭。上下相欺，大小相欺。中國軍隊中貪污吃空額營私、盜換公物、扣餉以為常。鴻章之名為虛傳，彼之左右為寄生蟲。鴻章之所以有名者，為鴻章善待外人，注意物質進步而已。鴻章之政治見解，則更尋常無足取。」

人們在痛罵李鴻章！說他在洋務企業中植黨營私，濫用皖人；說工廠活像衙門，門前冠蓋如市；說

---

63 關於李鴻章和森有禮這次著名談話，見《李鴻章與森有禮回答節略》，收入《中日戰爭》叢刊（一），頁二九九；（美）費正清編，中國社會科學院歷史研究所編譯室譯：《劍橋中國晚清史（一八〇〇—一九一一）》（北京：中國社會科學出版社，一九八五年），頁三八九。這是有關李鴻章以及中日關係的一段重要史料，筆者與胡勁草合著的《大清留美幼童記》中也使用了本段對話，特此說明。

64 （美）何天爵：《中國的海陸軍》，收入《洋務運動》叢刊（八），頁四六八。

那些以職洋務為榮，「囂然自鳴得意」的洋務大員，任意開銷，私囊日充，「機器局管事一年，終身享用不盡」……

人們在痛罵李鴻章的淮軍！說這支背着洋槍、操演時邁着德國式「鴨步」的新式陸軍，在戰爭到來時如朽木不堪一擊。兩年前，皇帝剛剛同意了李鴻章在安徽為淮軍修建「昭忠祠」的奏請。這支軍隊已經有了三十多年南征北戰的歷史，亂世裏它是「討逆滅賊」的一柄利劍，治世中他是拱衛海疆的一道城垣。李鴻章是這支軍隊的老根，一大批皖籍將領和安徽子弟是和他一氣貫通的枝幹和繁葉。「昔共患難，今共功名，徇其私情，轉相汲引，佈滿要津，委以重任」。

李鴻章不會不知道近幾年人們對淮軍虛浮腐敗的種種指責，但是他一直不敢相信，這支軍隊竟已腐朽中空到了如此地步。

十九世紀七十年代末八十年初，淮軍就已完成了槍炮換裝——後膛槍炮代替了前膛槍炮，英國的亨利．馬梯尼、士乃德，法國的哈乞開司，德國的老毛瑟，美國的林明敦、黎意等步槍和英國的阿姆斯壯式炮、格魯森式炮和德國的克虜伯式炮……九十年代初期甚至還有了奧地利的曼夏利式「連發槍」。[65]然而，「文官三隻手，武官四條腿」的嘲諷，也同時在他手下變成了現實。

他的得力戰將葉志超，牙山失利後謊報戰功，飾敗為勝，騙取朝廷明令嘉獎；棄守平壤後狂奔而逃。他創建的淮軍最早引入洋槍洋操，被認為思想最開化戰鬥力最強的部隊，此次赴朝，竟完全不是背着國產步槍（村田式）、揣着飯團（明治糒）的日本陸軍的對手，而且沿途騷擾，燒殺姦淫，聲名狼藉。劉盛休、衛汝成、張光前、趙懷業、龔照璵，……一個個惟李鴻章馬首是瞻的淮軍將官，聞風喪膽，不堪一擊，土崩瓦解。李鴻章在電報中呵斥他們「無用無能」，「毫無天良」，「材庸性貪」，「不愛體面」，「太不作臉」，「壞我名聲，良心何在」，可是他們彷彿非得把李鴻章的臉面丟盡方肯罷休。這是甚麼報應？

鬼頭刀帶着呼嘯之風而下——

淮軍大將衛汝貴仆倒在污血之中。

天津軍械局官員劉芬人頭落地。

菜市口萬人爭睹。市民們在笑，在罵，在啐……

三十年前的李鴻章在疾呼：「天下事窮則變，變則通」，「中國欲自強，則莫如學習外國利器」！

三十年後，一位二十八歲的華僑青年來到天津，這個富有生命力的年輕人，請人將一封洋洋數千言的信轉呈李鴻章。這封信尖銳地批評了李鴻章的「洋務」。

「太傅爵中堂鈞座：」年輕人的聲音帶着敬重，又帶着急切——

「歐洲富強之本，不盡在於船堅炮利，壘固兵強，而在於人能盡其才，地能盡其利，物能盡其用，貨能暢其流……」

「天下之事，不患不能行，而患無行之人。方今中國之不振，固患於能行之人少，而尤患於不知之人多……」

他熱切呼吁李鴻章擔起中國進步的重責：

「我中堂佐治以來，無利不興，無弊不革，艱難險阻，無所不辭。如籌海軍、鐵路之難，尚毅然而成之，況於農桑之大政，為生民命脈之所關，且無行之之難，又有行之之人，豈尚有不為者乎」？

後人已無法證實，當時的李鴻章，究竟因為甚麼，沒有給這個名叫孫中山的年輕人一個字的回覆。[66]

據一九一二年上海自由社出版的《中國革命記》記載，孫中山曾密謁李鴻章。該書稱：孫中山「冒死謁李鴻章，密陳北京政府之橫暴腐敗，革命之不可緩。議論雄快。李謝之曰：『今日之革命，余亦知其不可已。然余年七十有九，精力既衰，斷不能大有為。幸君努力為之，中國前途惟君是賴，余必為君後

65 劉申寧：《淮軍裝備研究》，收入《李鴻章與中國近代化》（合肥：安徽人民出版社，一九八七年），頁三五〇。

66 孫中山：《孫中山全集（一）》（北京：中華書局，一九八一年），頁八。

援。』」歷史學家黎澍生前考證，這段史料除「七十有九」有誤外，孫曾見李是完全可能的。

二十八歲的華僑青年孫中山，在甲午大戰爆發前夕辭別天津。

歷史同樣沒有讓僅僅在一年後就發表的《論世變之亟》、《原強》、《救亡決論》的偉大思想家嚴復在一八九四年之前登上他的舞台。中國這個痲醉場太殘酷了：這位在國外留學期間就醉心於西方政治制度和哲學思想的年輕人，回到自己祖國至今，竟整整徘徊了十多年無所作為。他為中國的衰弱而歎息，為朝廷的腐敗而憤怒，他也無可抵禦地沉迷於鴉片的煙霧中。尤為荒誕的是，他一度竟然後悔自己選擇了西學。在海軍任職後，還一連四次徒勞無功去參加「鄉試」，企圖獲一個功名。是甲午的慘敗震醒了嚴復。可是，為甚麼只有慘敗才能震醒中國的思想者？

十九世紀下半葉，歷史為中國選擇的風雲人物只能是李鴻章。

非新非舊，亦新亦舊，一隻腳已踏進新時代，而另一隻腳還牢固地留在舊時代，這是李鴻章。

半勇半怯，時勇時怯，這是李鴻章。

這是一個「效西人之風」，每天按嚴格的時間表工作的洋務大臣。

這是一個黎明即起，日日臨摹王羲之《蘭亭序》以養心自律的儒家學士。[67]

有論者說，李鴻章「容貌堂堂，辭令巧善，機鋒銳敏，縱擒自由，使人一見而知為偉人」。

一八七九年，美國前總統格蘭特（U. S. Grant）在天津會見了李鴻章，他對李的第一印象非常之好，將李列為他在環球旅行中遇到的「四個偉人」——英國首相本傑明．迪斯累里（Benjamin Disraeli）、法國總理甘必大（Gambetta, Leon）、德國宰相俾斯麥（O. Von Bismarck）和李鴻章——中「最偉大的一個」。[68]

有論者說，「鴻章是典型官僚，不能洞悉下情，沒有嚴肅監督部下的魄力。事事曲承太后與軍機王公大臣，不惜損海軍以媚上」。

曾在北洋海軍服務的英國人泰萊評論：「凡此一切事務之頭腦則為總督李鴻章，彼與太監李蓮英乃慈禧太后之左右手。李為世界著名之外交家，其在本國，在戰前則以偉大之海陸軍組織者稱。彼實非是，且不能為是，蓋腐敗，中飽，及援結私親諸症，使其手下各組織無復完膚者，其病源皆在鴻章自身，而彼之染此諸症，且視尋常中國官吏為甚。彼已受罄掣於頑鈍之全國大機器中，且亦習為故常，即有為之指陳，彼亦懵然不省。然即此，鴻章為一熱烈之愛國者無疑。中國之謎，此其一例也。」

據慈禧身邊的女官德齡回憶，李鴻章後來周遊歐美九國，隨身攜帶一口棺材，這位七十多歲的老人，擔心自己在異國他鄉突然死去，希望死也要死在中國的棺木裏，運回國安葬。

梁啟超曾將李鴻章與中外十六位名臣作比較。其中談到——

李鴻章與霍光。李沒有霍光之權位魄力。李，僅守範圍之人，不能有非常之舉，一生不能大行其志。

李鴻章與王安石。兩人的變革同為世所詬病。但王安石得君既專，佈畫宏遠。

李鴻章與曾國藩。曾，激流勇退之人。李則血氣甚強，見大難而挺然以一身當之。

李鴻章與秦檜。中國俗儒罵李為秦檜者最多。處於市井野民之口，尚可言。士君子而為此言，只能稱為狂吠而已！

李鴻章與俾斯麥。有人稱李為「東方俾斯麥」，但李的學問、智術、膽力都不如後者。

李鴻章與伊藤博文。伊藤博文沒有李在國內這樣的地位。李沒有伊藤博文遊學歐洲、了解西方的經歷。如伊藤博文者，日本有數百；如李鴻章者，中國同輩中卻無第二人。

梁啟超還認為李鴻章不是秦之趙高，唐之李林甫，宋之蔡京、秦檜那樣的竊弄國柄，挾持人主、專擅威福的「奸臣」。儒家名教和滿族勢力如兩道鎖鏈緊縛着他，使他「匪躬蹇蹇，無所覬覦」，為做一個滿清王朝的忠臣而數十年如履薄冰，如臨深淵。[69]

67 李鴻章的生活細節，見吳永：《庚子西狩叢談》，頁一〇六、一〇九、一三一。

68 楊越翰：《個人回憶錄》。轉引自劉廣京等編，陳絳譯：《李鴻章評傳》，頁二〇四。

69 梁啟超：《李鴻章傳》（天津：百花文藝出版社，二〇〇〇年）。

在滿衰漢盛，十八省督撫提鎮中，漢人（湘淮軍功臣）佔了一半的態勢下，有外國人曾鼓動他利用手中的實力一舉奪取清朝政權，握全權對中國大加改革。李鴻章聞之，「慍然改容」，驚駭中半天說不出話來。

《田鳧號航行記》的作者壽爾在訪問中國後說：「目前，李鴻章幾乎是中國最能幹、最有權力的人，而且是漢人。許多人認為，他如果願意的話，是有力量推翻清朝統治的，……但是有人認為，李鴻章缺乏足夠的勇氣，作此壯舉。」

李鴻章既沒有歷史上那些「權臣」的梟雄之氣，也沒有「權臣」風行雷厲、改革庶政的威名。管仲相齊，桓公稱霸；李悝變法，魏國稱雄；曹操、張居正，各自政績彪炳一時。李鴻章卻「束於勢而牽於習」，命途多舛。

十九世紀，把「更法」、「改革」從筆墨口舌的呼吁真正提到議事日程而「篤實踐履」的是包括李鴻章在內的洋務派官僚集團，而這個集團中的曾國藩、文祥、沈葆楨，在洋務運動早期即病故，張之洞後期方崛起，恭親王奕訢則在政潮起伏中長期被閒置。與洋務運動浮沉與共，站在潮流前端不遺餘力呼吁變革推行新政的，只有李鴻章一人。

李鴻章在整個洋務運動中居於不可爭辯的顯赫的首腦地位。洋務派思想家郭嵩燾曾稱讚他是對洋務「能見其大」的人。

「我朝處數千年未有之奇局，自應建數千年未有之奇業！」他向「重道輕藝」的傳統觀念開戰，把天文演算法之學、機器製造之理和四書五經相提並論，在他所控制的領域內助推了重視器物技術的風氣。

「處今之世，外須和戎，內須變法，若守舊不變，日以削弱，和一國又增一敵矣。自秦政變法而敗亡，後世人君遂以守法取容悅。今各國一變再變而蒸蒸日上，獨中土以守法為兢兢，即敗亡滅絕而不悔。天耶？人耶？惡得而知其故耶？」

應當說李鴻章比中國歷代改革家走得更遠。前輩改革家把「法先王」變成了「法後王」，李鴻章則將

▲「今各國一變再變而蒸蒸日上，獨中土以守法為兢兢，即敗亡滅絕而不悔。天耶？人耶？」

——李鴻章

「法後王」變成了「法西洋」。然而他是一次次地亡羊補牢，邯鄲學步，彌縫補苴，苟且圖存。三十年，南柯一夢！

一八八九年五月十九日在給醇親王奕譞的信中說：「鴻章生平只知實心辦事，三十年來，日在謠諑之中，禍福得失置之度外。」

洋務派的另一個代表人物張之洞後來提出了一個著名的口號：「中學為體，西學為用。」這口號正概括了李鴻章悲劇性的一生。

他崇尚實用，善於變通，但他的變革有着終生不逾的界限。

他很早就說過中國之事「捨變法與用人，別無下手之方」。但數十年間，他被膠困於一次次外患、一次次內部紛爭，銳氣與日俱減。

這是真正的悲劇：他領導的「洋務運動」客觀上為「戊戌變法」準備了物質力量和人才，然而，「戊戌變法」的發動偏偏從聲討他的「賣國罪行」開始。

這是真正的悲劇：李鴻章在十九世紀六十年代為中國改革而不遺餘力地疾呼，他的一片苦心，就是要使中華民族避免可能發生的滅頂之災，平安應付「數千年未有之變局」。他任風譏雨謗，營營役役，建立了一支曾經稱雄亞洲的海軍，使世界對中國刮目相看。中國數千年的長夜彷彿第一次顯露了曙色，古老帝國彷彿青春重現，邁入了近代化的門檻。然而這一切都像海市蜃樓般形影俱杳。難道這個文明古國在劫難逃的「命」，只能是慘敗嗎？

李鴻章慘敗了。

他的慘敗給他帶來的厄運，不是如吳起被亂箭射死、商鞅被車裂，而是他和他的國家一起被肢解、被蹂躪。李鴻章徹底身敗名裂了。他被釘在中國歷史的恥辱柱上；被自己的同胞所唾棄。中國人只要想到自己的苦難，就會對李鴻章切齒痛恨。他是十九世紀後半葉為中國苦撐危局的柱石。他是十九世紀後半葉中國的罪人。

槍聲。

攻克旅順的日本兵，正在練習射擊。他們的靶子，是一個身上寫着「李中堂」三個大字的草人。在他們眼中，大清帝國就等於李鴻章。

日本外務官員說：「中國如罷斥李鴻章，我等軍務更易成功。」

臘月二十五（一八九五年一月二十日），日軍在威海以南榮成灣實施登陸。日本政府決心儘快全殲北洋艦隊，為即將開始的談判創造更有利的態勢。

李鴻章為劉公島晝夜焦繫……

劉公島

持續數日的狂風這一日突然中止了。守島士兵鳴槍過市掀起的叛亂，和二月七日早晨魚雷艇集體逃亡所引起的騷動，也漸漸停息了。夜幕濃重，伸向海中的長長的鐵碼頭棧橋，如同一隻逐漸僵冷下去的手臂。黑沉沉的海面上，三兩艦影，數點燈星，凝凍在蕭瑟的寒風裏。海軍公所朱門上面四尊門神像，在燭火將盡的燈籠光暈中時明時暗。石階下，西轅門外，幾株烏臼和櫸樹疏影不搖。戲台，一座斜立路畔的空寂的亭樓。台柱上，「烏紗帽如花石斑爛光照耀玉皇閣，管弦聲似波濤洶湧音韻傳聞望海樓」的對聯依稀可辨。正中，「環海鏡清」四個大字赫然如初。環海鏡清——此刻，空氣裏正散發着混濁的血腥味；不遠處的醫院裏，堆積着死傷兵士的裸體殘肢；路旁的酒樓和妓寮，昏昏的燈依舊，卻已沒有往日的嘈雜。儘管這座被困死的孤島上一片寂靜，卻總有一種死亡前令人悚然的氣氛。樹木間，黑乎乎的月影緩緩搖曳着，一個古怪的聲音在朦朧的夜色中陰森森地時起時伏：篤！篤篤！篤！篤篤篤！篤！

四十八年前，安徽廬江縣一座矮小的豆腐坊中，那個剛過十歲的小伙計，打着赤腳，置身在每天清晨吱吱啞啞沉重的石磨聲

◀ 北洋海軍基地劉公島

▲ 劉公島上的海軍公所

▲ 劉公島上，那長臂般的鐵碼頭

▲ 劉公島上的戲台

▲ 北洋海軍提督丁汝昌

裏。他想到過自己日後會有一個傳奇式的命運嗎？

十四歲那年，家鄉大旱，他父母病餓雙亡。

數年後他被戰爭的激流捲走。他曾參加水師營，在江蘇無錫一帶作戰。後來水師營為馬隊，又成為馬隊軍官。

在命運的狂風中，人如一粒微塵。

然而這個名叫丁汝昌的瘦削長臉的年輕人，卻得到了命運的垂青。數十年後，他奇跡般地由陸地來到海洋，成為中國近代規模最大的艦隊的司令。[70]

在中國軍事史上還沒有一個軍人有過丁汝昌這樣的豐富奇特的閱歷。這個在鎮壓太平天國和捻軍的內戰中戰功卓著的騎兵統領，是出現在英、法、德各國軍港、造船廠的第一位來自中華帝國的戰將。出身行伍的中國將領中，也沒有一人能像丁汝昌那樣，多次率艦赴朝赴日赴俄赴南洋，或巡弋，或巡防，有過那樣多國際活動的歷練。

像歷代許多名將一樣，丁汝昌善帶兵——當然首先是憑資歷治軍。洋員泰萊稱其為「優善的老人」，他為人隨和，視僚屬如家人。丁汝昌也熟知曾國藩寫的《愛民歌》。他和陸將戴宗騫一同在威海城中辦了一座「義學」。太平年代這樣的將軍受人敬重，可是戰爭一旦來臨，他將注定成為罪人。

他的不幸，並不首先在於他自一八七九年統帶北洋水師的蚊子船起，整整十五年時間，未能邁進近代海軍知識的大門。他信奉「知之為知之，不知為不知」的信條，他曾如此坦率地批評一個弄壞了魚雷的外國專家：「損失一個魚雷並不是甚麼大事，但我不滿你裝成專家。我雖然是這裏的提督，但你見過我不懂裝懂嗎？」

70《清史稿．列傳二百四十九／丁汝昌》。

◀ 劉公島上的炮台

他是一個又有戰功又較開明的「外行」統帥。這種身份，每每在中國歷史的新舊交替年代，具有特定的積極意義。然而正是這種年代，最終給他們的個人命運帶來了極大的不幸。丁汝昌和北洋海軍休戚相關，而北洋海軍又和李鴻章與清廷政治生死維繫。

旅順陷落後，光緒皇帝屢頒御旨，先將丁汝昌革職留任，又着拿刑部治罪。

殘酷地說，中國近代海軍第一位艦隊司令，此刻已成為一個待押的死囚犯。

因李鴻章和威海各將竭力諫請，丁汝昌被暫緩起解。他將以有罪之身，在這座死島上指揮着最後的無效的抵抗。

必須說明，劉公島的這條防線原本極難衝破。密佈的水雷裏和一層層鐵鏈木排牢固地封鎖了劉公島南北兩個進出口的海面，島上、岸上星羅棋佈地配置着具有威懾力的永久性炮台和臨時炮台。李鴻章、丁汝昌對於劉公島保衛戰的指導方針是戰艦依輔炮台，「收夾擊之效」。可是丁汝昌很早就預感，岸上炮台難保，這將是北洋海軍的致命傷。他提出拆除岸炮，「以免資敵」，但李鴻章申飭他「膽小張皇」。

丁汝昌無語。李鴻章稱他為「戴罪圖功之人」，他已失去雄辯的位置和權利。進入臘月以來，戰局每況愈下。寒冷的北風，夾着小雪粒。丁汝昌的內心，一次次感到不寒而慄。船隻單薄，不能遠出接戰，惟依陸上炮台，以收夾擊之效，可是，若兩岸炮台全失，台上之炮為敵所用，則我海軍與劉公島陸軍，惟有誓死拚戰，船沉人盡。

臘月二十一（一月十六日），劉公島海邊挖伏兵溝。

臘月二十二（一月十七日），榮成龍鬚島一帶漁船全拉上岸，以防被擄去引水。

臘月二十三（一月十八日），長山島報，有倭船蹤。

臘月二十四（一月十九日），三隻倭船已連續兩天炮擊登州（今蓬萊），登州居民逃走一空。

臘月二十五（一月二十日），丁汝昌於午刻急電：「倭船四十隻在榮成灣開炮。倭船兩隻在成山下錨。」該日，榮成失守。

臘月二十六（一月二十一日），李鴻章電：「如事到萬難，計惟保全『定』、『鎮』。」光緒降旨：「海軍戰艦，必須設法保全，毋得束手坐待，致為所困。」

臘月二十七（一月二十二日），這一天，李鴻章對於「保艦」和「戰艦能否出擊」極為矛盾、彷徨、猶豫。卯時，劉公島陸軍守將張文宣（李鴻章的外甥）電告李鴻章：與丁汝昌議定，水師靠劉公島。若分兵南岸，丁軍門要出海浪戰，島船皆不保。李鴻章於巳時電斥：口外如有敵船窺測，丁軍門自應開出口門，與炮台夾擊。汝未經戰陣，膽怯恐無長進。同時電告海岸炮台守將戴宗騫：丁提督俟口外有日船，當催令開至口門，相機夾擊。午時，再次電告戴：若仍照前散渙，敵來必走，兩岸有失，炮資敵用，則海軍船艇並護軍，萬難保全。夜，戌時，李鴻章電令丁汝昌：若敵船少，應出擊，多則開往口門夾擊。亥時，光緒降旨：聞敵載兵多係商船，若將「定遠」等船齊出衝擊，必可毀其多船，斷其退路。李鴻章覆：海軍船少，恐難遠出衝擊，只能在口門與炮台夾擊。

臘月二十八（一月二十三日），海軍衙門幫辦大臣、南洋大臣劉坤一與李鴻章面商，向朝廷報告兩點重要意見：一、海軍告急，倭計欲得我鐵甲兵輪。二、海軍吃緊，督率需人，可否仰邀天恩，姑寬丁汝昌拿辦之罪，責令立功自贖。午刻，李鴻章電令丁汝昌：若水師至力不能支時，不如出海拚戰，即戰不勝，或能留鐵艦等退往煙台。

臘月二十九（一月二十四日），丁汝昌電覆李鴻章：至海軍如敗，萬無退煙之理，惟有船沒人盡而已。旨屢催出口決戰，惟出則陸軍將士心寒，大局更難設想。

臘月三十夜，威海南岸槍炮、花筒連放二點鐘之久。次晨查詢，實未見敵。人心惑亂。

正月初二（一月二十七日），張之洞建議：北洋船應出擊倭運兵運械船。如彼大隊來，退威傍炮台擊。威海得力在炮台。有人慮戰敗船毀，不知威海若失，海軍已無老營，寥寥數艦，然後賊從容圍攻，終歸不支。

正月初四（一月二十九日），光緒降旨：張之洞此奏所陳，思議頗為周折，此時救急制勝，捨斷其接濟，助台夾擊，更無別法，決無株守待攻之理。

但次日南岸炮台全失，「助台夾擊」已成空話。

正月初六（一月三十一日），威海電報局員工逃跑，電報中斷。次日，煙台電報局收聽到從威海傳來的亂敵電鍵聲——日軍已佔領威海。

中國海軍把生死存亡繫於陸軍，可是身攜煙槍的陸軍在登陸的日本人面前望風而逃。摩天嶺、皂埠嘴、龍廟嘴、鹿角嘴……兩岸一座又一座炮台落入敵手，使日軍大收「夾擊之效」。丁汝昌的憂慮被證實了。北洋海軍成了被舉入半空中的安泰。

日軍在榮成登陸後，煙台以東還有三十餘營清軍，卻沒有一營一哨前往威海救援。正如山東巡撫李秉衡無法調度屬於李鴻章淮系的威海守軍一樣，李鴻章也難以指揮非淮系的軍隊。煙台守軍置威海於不顧，清廷命令趕赴威海的原定北上勤王的南方部隊也遲遲不到。

據原始資料記載，丁汝昌在翹望援軍的日子裏，「眼睛瞪得如銅鈴般」。他在給李鴻章的最後一封信中寫道：「我軍各艦及劉公島各炮台受敵船炮彈擊傷者尚少，被南岸炮台擊傷者甚重。」李鴻章在許多天以後讀到此信，憤然道：閱丁提督等遺稟，令人髮指！

不得已，丁汝昌在最後的時刻指揮海軍戰艦向自己親手營造的炮台猛烈轟擊。「山動谷鳴，巨石騰空，黑煙沖天」，觀戰的英國海軍軍官稱此為「一大奇觀」。

二月四日深夜，「定遠」艦警鐘忽鳴，軍官衝上甲板，只見日島方向，我軍警戒艇點燃了警烽，火光閃閃。「定遠」和各艦尚未發現目標，就一齊向黑沉沉的海面開炮轟擊。馬達聲由遠而近，人們隱約看見半里外一個飛快撲來的黑物。「定遠」艦瞄準射擊，炮聲在夜空裏發出駭人的震盪。下面出現的場面令人心悸。馬達聲漸漸消失了，一條顯然已被重炮擊中的日本魚雷艇，頭朝大洋，尾向「定遠」艦，像條浮上水面的死魚，慢慢地漂蕩過來。水天之間一片寂靜。所有人都在望着這條已經傾斜的小艇，突然，一聲撕肝裂膽的巨響，小艇的鍋爐發出了大爆炸——也就在同時，它發射出了最後一枚魚雷。在鍋爐爆炸聲中立時斃命的四名日本海軍官兵，沒有來得及親眼看見那枚魚雷是如何準確地命中了「定遠」，命中了這艘使全日本國民都視為心腹之患的大清國鐵甲艦。

二月七日黎明出現的是又一個驚心動魄的場面：日艦試圖進攻劉公島東口的炮聲剛響，全部中國魚雷艇（十二艘）和兩艘軍輔船私自逃遁，全速從西口奪路而走。日艦和我艦一齊向這十四艘船發炮轟擊，日艦堵截，我艦追捕，十四艘船有的「跨觸橫檔而碎」，有的靠岸逃奔的，有的被日軍所俘。隆隆的炮聲，震得劉公島在戰慄——為恥辱而戰慄！

中國的魚雷艇是日本艦隊的大患，可是中國魚雷艇在劉公島保衞戰中沒有向日艦組織過一次進攻。恰成對照的是日本魚雷艇，在嚴冬的海上，裹着冰甲的小艇連續八次衝入佈有水雷與橫檔的警戒線，向中國的巨艦挑戰。海面上漂浮着日本魚雷艇的碎片，漂浮着日本人的屍體。可是日本敢死隊員前仆後繼，出發前把一切後事交畢，說聲「我艇我身已交給敵人」！又衝向北洋海軍的防線。

中國魚雷艇大逃亡的前一天，威海海岸炮台守將戴宗騫吞金自盡。大逃亡當日，李鴻章發給煙台劉含芳一份急電，這是向海軍下達的最後的命令：

水師苦戰無援，晝夜焦急，如能通密信，令丁同馬格祿等帶船乘黑夜衝擊，向南往吳淞……

這命令，丁汝昌永遠也不可能接到了。

篤！篤篤！篤！篤篤篤！劉公島上那古怪的聲音，令人想起鐵錘、長釘和沉重的木頭。

二月十日，在日軍迅速修復南岸部分台炮，海陸炮火夾擊劉公島數日之後，丁汝昌下令將已擱淺岸邊充作水炮台的「定遠」轟散。

「定遠」傾側着巨大的鋼鐵身軀，靜靜地矗立在離岸邊不遠的淺水中。它銹跡斑斑，遍體鱗傷，四處是烈火的烙痕。在冬日的雪光下，它像一個失血過多的傷者，顯得蒼白而疲憊。然而，即使在現在，這艘亞洲第一巨艦依然莊嚴巍峨、氣象宏偉。殘破的前後桅杆，斜指藍天；那對粗壯的主炮炮管，彷彿還在大戰間歇默默守候着新的發射口令。這艘巨艦無法明白的是，自竣工下水至今，為甚麼第一次出現了人去船空、一片死寂的景象。一切生機勃勃的聲音都消失了——當年留歐學生用英語發出的口令、炮手搬運炮彈的號子，甚至官弁鞭打士卒的粗野罵聲……此時，丁汝昌率領他的將士，正含淚與這艘朝夕相處已十年、功勳卓著的老艦訣別。

被北洋海軍的炮艇仔細牽引着的那顆水雷，緩緩地漂過來了。它閃着黑漆漆的光澤，隨海浪起伏。它按照主人的意志，慢悠悠地靠上前去，靠上前去……像是最後的吻別。悠悠地、悠悠地，直到和「定遠」貼為一體。

鐵甲艦痛苦地震顫了一下。爆炸開去的呻吟是如此悲愴，回聲在海天之間久久盤旋，久久盤旋。整個艦體在一片炫目的光芒中緩慢地、緩慢地分解開來。騰升的木板碎片、帆布碎片、金屬碎片，漂浮在黑煙彌漫的天空。血色的海水爬上了陡峭的船舷，爬上炮塔，爬上艦橋……

這是一座明麗的海市蜃樓。

細雨霏霏的福州。

馬尾。

南中國海。

歡樂航行的「揚武」。

格林威治的海軍「聖殿」：

海港。納爾遜的戰艦。

在地中海飄揚的龍旗……

渤海灣波光閃動。

醇親王在李鴻章陪同下站在飛橋上。

……在他巡閱海軍的「海晏」輪船左右兩側，各有四艘威武的戰艦列隊護航。它們是北洋海軍的鐵甲艦「定遠」、「鎮遠」，巡洋艦「濟遠」、「超勇」、「揚威」和南洋海軍的巡洋艦「南琛」、「南瑞」、「開濟」。「海晏」之後，又有「鎮東」、「鎮西」、「鎮南」、「鎮北」、「鎮中」、「鎮邊」六艘蚊炮船尾隨。在東升的旭日輝映下，一艘艘披金的戰艦，昂首前行，白浪如練……

魚雷把舊船轟成齏粉。

水雷激起沖天的水柱……

……水柱……

……水柱……

繼「致遠」等五艦在大東溝海戰沉沒以來，又有四艦在劉公島軍港蒙難。

「來遠」被日本魚雷艇擊沉。

「威遠」被日本魚雷艇擊沉。

「靖遠」用魚雷自行轟散。

「定遠」自行炸毀。

「定遠」沉沒當夜，北洋海軍右翼總兵兼「定遠」管帶劉步蟾默默走進那間已備好鴉片水的小屋。這個曾遊歷世界，一回國就令家中婦人不許纏足的新式軍人，就要流星般的隕落了。九泉之下已有那麼多熟知的靈魂在等待他重新歸伍：英勇陣亡的鄧世昌、林永升、林履中、黃建勳，憂憤自殺的林泰曾，在旅順被斬首的方伯謙……這一個個馬尾的同學，這整整一代在中國歷史上前所未有的英才，又要像二十八年前那樣聚首。

篤！篤篤！篤！篤篤篤！……那古怪的聲音已如生命遊蕩在劉公島上。

丁汝昌生命的最後時刻已經來臨。

他不會想到，在他死後，後來人會為他進行長達一個世紀的探究和爭論：關於北洋艦隊；關於大東溝；關於他和李鴻章……

他早已把一切文件交夫人攜往煙台——一切後事都已平靜地交代完畢。

他拒絕了日本聯合艦隊司令、他的老朋友伊東佑亨的勸降。

他拒絕了部分官兵含淚的請降。

他拒絕了逼降。

對於他，死，遠比生更為緊迫。

中國近代戰爭史是一部自殺史——充滿了各類將領自殺的記錄。名節，比生命珍貴百倍，也比勝敗重要百倍。

丁汝昌只能在劉公島上死去。他的死，不僅將他從重重枷鎖之下解脫，使家人免遭株連，而且能夠保全部屬的生命。

「篤篤篤」的擊木之聲，出自丁公府的小院落。丁汝昌早已請求的六個木匠，正夜以繼日地為他趕製一具棺木。夜色中，有人看見，這個瘦削的老人，曾神態安詳地囑人揭去棺蓋，親身躺臥進去，以試大小。[71]

▲ 劉步蟾

▲ 劉公島商紳為丁汝昌刻立的石碑

71 曾在北洋海軍服務的「留美幼童」容尚謙，晚年向美國學者拉法吉回憶了這一情景。見高宗魯譯注的《中國幼童留美史》（台北：華欣文化事業中心，一九八二年）。

和所有戰敗國的命運一樣。

一八九五年四月十七日上午十點，大清國全權特使李鴻章在日本馬關與日本首相伊藤博文簽訂了恥辱的和約。

馬關

《馬關條約》全文共十一條，是中國所有不平等條約中最苛酷的。

十九世紀六十年代，馬關一帶是幕府長州藩的屬地。為反對外國勢力，當年，長州藩的軍隊曾和英、法等國聯軍在馬關附近作戰，恥辱而敗。從此長州藩積極主張維新強國，成為當時日本最強有力支持倒幕府、創維新的藩國。這才有了今天，「小」日本擊敗「大」清國——這個在歷史上一直被視為無法搖撼的泱泱大國。日方將談判地點設在馬關的深意不言而喻。而這裏，也是主持本次談判的日本首相伊藤博文的出身地。

談判地點設在春帆樓，這是一家以賣河豚聞名的日本料理店。據說，伊藤博文還在長州當武士浪人時，常來這裏吃河豚，春帆樓的名字也為伊藤博文所題。一八九五年三月二十日，春帆樓成為全世界矚目的焦點。初春的空氣充滿寒意，豔麗的日本櫻花似乎還沒有開，春帆樓面對的關門海峽，萬商雲集，春帆點點。前一日辰刻，大清使臣李鴻章帶着一百多位隨從，分乘兩艘德國輪船「禮裕」號、「公義」號開進海峽。這艘「公義」輪，實際就是醇親王大閱海軍時和李鴻章乘坐過的招商局輪船「海晏」。甲午戰爭期間招商局換旗保產，臨時更換成德國船籍。船掛德國及「中國頭等全權大臣」的旗幡。船上裝着飲用水、蔬菜、食肉、做飯的廚具、吃飯的桌椅，船上還載着李鴻章專用的八抬大轎。[72]

春帆樓內，兩個古色古香的巨燈懸掛在談判大廳上方，一張可容十六人坐的木桌，在昏黃燈光照耀下更顯得肅穆。大桌上擺着中國的毛筆、硯台及印泥。海風尚寒，日方特地準備了兩個法國火爐。

身着長袍馬褂頭戴官翎羽毛的李鴻章與日本首相伊藤博文、外相陸奧宗光對面而坐，伊藤和陸奧都穿着筆挺的文官大禮服，蓄德國鬍子，威武神氣。李鴻章的左側是他的助手、兒子李經方，日方在這一對父子間擺放了痰盂，接下來是中方三名擔任翻譯之類事務的參事官，其中有後來在中國政治界外交界頗有名望的伍廷芳。

李鴻章之前，日本已兩次拒絕了清廷派遣的特使。伊藤博文指責中國「與世界各國幾乎完全背道而馳」，在外交上從來不負責任，不講信義。日本的用意，是要中國派出「名位極崇能肩重擔」的最高代表。日本要求這位代表有割地之權。

割地的問題極度敏感。大局崩潰，光緒皇帝、恭親王奕訢和軍機處大臣的傾向性意見是割地議和。慈禧大動肝火，反對割地；翁同龢的主張是賠款勝割地。李鴻章明知非割地不能求和，但不願承擔萬世惡名。因此，李鴻章應召進京見光緒皇帝時明確表示「割地之說，不敢擔承」，同時又說，如果日本佔地索銀，戶部恐無此款。翁同龢奏言，但得辦到不割地，則賠款事他將多努力。然而當李鴻章請翁親自出馬同去日本時，翁卻推說，自己是「洋務生手」，不能辦此重事。迫於時勢，清廷最終決定予李鴻章商讓土地之權，讓這位被日本人稱為「東洋第一政治家」的李鴻章東渡議和。

第一次談判

一八九五年三月二十日下午，按照程式，大清國和日本國互換全權文憑，然後由戰敗方提出停戰要求。

雙方寒暄數句，即互換皇帝敕書，嫻熟大清禮節的伊藤博文忽然咄咄逼人地明知故問，中國敕書為何

72《發現台灣》，頁二四三。

▲ 伊藤博文

無皇帝親筆簽名？李鴻章立刻解釋，各國俗尚不同，中國皇帝用御寶，與御筆簽名無異。日方卻居高臨下，「此次可以不深究，但貴國大皇帝既然與外國國主通好，為甚麼不悉照各國通例辦理」？伊藤博文不無寓意地問。

李鴻章則強調中日應看清共同利益，永結友好：「亞細亞洲，我中、日兩國最為鄰近，且是同文，怎麼可以尋仇？今天雖然暫交戰，但最好還是永保友好。如果尋仇不已，那麼有害於中國，未必有益於日本。像歐洲各國，雖然練兵，但卻不輕易挑起戰爭。我們既然同在亞洲，也應當效法歐洲各國才是。兩國應該努力維持亞洲的大局，永結和好，這樣我亞洲黃種人才不會為歐洲白種人侵略。」

伊藤博文：「中堂所說甚合我心。十年前我在天津時，已經和你談及，當時你也說要改革中國事務，為甚麼到現在一直沒有變更呢？我為今天如此結局而深感抱歉。」

一番話說得李鴻章心慟。十年前，在天津，身為日方大臣的伊藤博文曾和李鴻章談及變革一事，並說中國地廣人衆，變革諸政，應逐漸進行。

轉眼十年過去，中國卻依然如故。

李鴻章：「中國的事，囿於習俗，未能如願以償。……為此，本大臣深為抱歉，自慚心有餘力不足。」接着，李鴻章談到：「貴國兵將，按照新法訓練之精，各項政治也是日新月異。我此番進京，與一些士大夫交談，亦痛感中國惟改變方能自立。」

李鴻章讚揚日本近年來的改革事業中施政得宜，歎惜中國之改革尚未奏效，並感慨，此次戰爭，實獲兩個良好結果。第一，日本利用歐洲之海陸軍組織，取得顯著成功，足以證明黃色人種決不遜於白色人種。第二，由於此次戰爭，中國僥倖得以從長夜之迷夢中覺醒，此實為日本促成中國發憤圖強……

伊藤博文：「天道無親，惟德是親。貴國如果願意振作，皇天在上，必定能扶助貴國如願以償。蒼天對待下民，沒有偏倚，關鍵在於各國自為。」

伊藤博文與李鴻章的第一次談判，與其說是國與國之間的一次利益爭執，不如說更像老朋友與老對手之間一場頗有意味的精神交流。他們甚至談到治理國家事務的辛苦，伊藤博文說：「日本的百姓，不及中國百姓容易治理。而且有議院夾在中間，辦事非常棘手。」

▲ 李鴻章

李鴻章：「貴國的議院，和我們國家的都察院相同。」

伊藤博文：「十年前見面，我勸你們撤去都察院。而中堂你回答說，都察院制度，起自漢代，由來以久，不容易撤去。但都察院多不明事務的人，在位的人很難辦事。貴國必須將明白西學年富力強的人委以重任，把拘於成法的人一概撤去，方有轉機。」

李鴻章：「現在中國上下也有明白時務之人，只是省份太多，各分畛域，如同貴國封建時期，互相掣肘，事權不一。」

談話間曾彼此相問年齡——伊藤博文五十五歲，陸奧宗光五十二歲。「我今年七十三了！」——李鴻章感歎伊藤傅文年富力強，辦事從容，頗有瀟閒自在之樂。

第一次談判後，李鴻章即致電北京總理各國事務衙門報告會議情形。其中特別提到伊藤博文的話——「別來十年，中國毫未改變成法，以至於此。」

第二次談判

一八九五年三月二十一日，中日全權大臣再度會晤。

由於日本把握了清廷希望儘快停戰的心理，對中國提出「停戰」作出了苛刻的答覆：

一、日本軍隊應佔守天津、大沽、山海關，並所有城池堡壘，清國軍隊之駐上開各處者，應將一切軍器軍需交日本國軍隊暫管；二、天津、山海關間鐵路由日本國務官管理；停戰限期之內軍需軍費由清國支補。……

當參事官羅豐祿將日方的英文稿譯誦一遍後，李鴻章大吃一驚。

李鴻章：「現在日軍還沒有到達大沽、天津、山海關等處，為甚麼所擬停戰條款竟要佔據？」

伊藤博文：「凡是談判停戰，兩國都應均沾利益。停戰對你們的軍隊有益，所以我軍要佔領這三個地方為質。」

「這三個地方中國軍隊很多，日軍佔領，他們將去哪？」

「去哪？都行，只是兩軍須先確定相距的界限。」

「兩軍相近，容易發生釁端，天津衙門很多，我們的官員又將怎麼辦？」

「這是停戰條約內部的細目，不便先議。請問，所開各項能不能照辦？」

「雖然是細目，也需問明。而且關係到重要的問題，話不可不先說。」

「請中堂仔細推敲，再作答覆。」

「天津是通商口岸，日本也將管轄？」

「可暫歸日本管理。」

「日兵到天津，將住在哪？」

「一旦華兵退出，即住華兵營盤，如不夠住，可添蓋兵房。」

「這樣說來，豈不等於久踞了嗎？」

「那要看停戰時間的長短再定。」

「停戰的期限誰定？」

「雙方互商。但不能過久。」

李鴻章：「日軍佔領的時間既不長，三個地方何必讓出？這三個地方都是險要之地，如果停戰期滿，議和不成，那麼日軍先已佔據，這不就是反客為主？」

伊藤博文：「停戰期滿，議和不成，當即退出。」

李鴻章：「中日兄弟之邦，你們所開的停戰條款，未免逼人太甚！……貴國此次請我來議和，我之所以來實為一片誠心。貴國首先要我三處重地，而這三處又都屬直隸管轄，作為直隸總督我還有甚麼臉面，試問伊藤大人，如果你是我，將何以為情？」

伊藤博文：「兩國相爭，各為其主，國事與交情，兩不相涉，我實無他法。」

李鴻章：「停戰就為議和第一要議，否則，議和並非真心。」

……

正當李鴻章為「停戰」而據理力爭時，日本海軍由十一艘軍艦組成的「南方派遣艦隊」正秘密開向台灣，全速進入澎湖以南的將軍澳。

第二次談判，日方以酷苛的條件，逼使中國放棄「停戰」之設想，直接進入「議和」。然而，當李鴻章於席間再三追問「議和」條件時，日方卻秘而不宣。這樣，就使日本軍隊在海陸軍戰場上獲得了更多的時間和空間。

三月二十三日，日本艦隊開火攻打澎湖。

三月二十四日，澎湖全島陷落。

第三次談判

一八九五年三月二十四日，「議和」。

澎湖陷落後，李鴻章不得不將「停戰」之議「擱起」轉而「議和」。可是，日方在達到目的逼迫中國直接「議和」之後，卻繼續拖延，對早已準備妥的「議和」條款秘不宣露，在李鴻章一再要求下，答應次日交閱。

面對日方野心，李鴻章提請對方注意，貴國所公佈的「議和」條款，如果與他國有關，請貴大臣慎重斟酌。

伊藤博文反問：「此話怎講？」

「如果議和條款牽涉其他國家權利的話，簽約必然會有許多不便。」

「這次談判中日兩國的事，其他國家都在局外，未便攙越。」

「去年曾經請英國從中調處，貴國就不以為然，我們當然無須他人調處。我兩人商議的事，如果不能成，恐怕沒有人能談得成了。」

「萬一談不成，那就請貴國大皇帝親自裁決了。……歐洲各國議和，都同國主親自談判。」

「中國不然。像恭親王那樣，主持總署多年，都不曾親自參加各種條約的談判。兩國暫時交戰，最終還是要和平，不如及早談成為好。去年剛開戰事，本大臣就苦口勸和，今天已遲了。」

「戰爭的不幸，有時也不可避免。」

「能避免不是更好嗎？……美國前總統格蘭特，遊歷路過天津時對我說，美國南北戰爭傷亡非常慘重，所以他當總統後，從不輕易引起爭端。」

「中堂剿滅太平天國和捻軍，久經戰陣，當年我見到中堂時，也勸過不可輕言戰事。」「我常將此話奉為圭臬。這次交戰，貴大臣難道還不知決非我的本意嗎？」

「兵者，凶事也。……有時時勢逼迫，不得已而用之。」

「戰非仁人所為。況且當今武器銳利，被殺戮的人更多。我老了，不忍心看啊。貴大臣年富力強，尚有雄心。」

談判中的這番對話被載入史冊。李鴻章的哀聲，並未能打動伊藤博文。作為勝利者，他打了這麼一個比喻，戰爭初期，議和還是容易的，打大了，就難一些。就像兩個人走路，開始相距不遠，越走距離就越大，回頭難啦——「已相距數百步，回頭又需數百步！」

「少走幾步，不也可以嗎？」李鴻章痛切地說：「你就是再走數千里，難道還能將中國人民殺盡嗎？」

伊藤博文毫不為動：「所謂戰爭，實際上是將軍艦炮台等一切作戰器具彼此毀滅，兩敗俱傷，與兩國人民毫無關涉！」

談判自然觸及到日本艦隊此時此刻正在進攻台灣。李鴻章：「貴大臣提到台灣，想必有佔據的意圖，不願立即停戰的原因就在這裏。但這樣，英國將不甘心，前面我說恐怕有損別國權利，就是指此。台灣不守，又將如何？」

伊藤博文：「有損於中國的，未必有損於英國。」

「（台灣）將與香港為鄰！」

「兩國相敵，無損他國！」

「……英國不願他人盤踞台灣。」

伊藤博文：「貴國如將台灣送給他國，他國必將笑納。」

李鴻章深知，今日之日本盡可以蔑視大清國，但還沒有強大到無視「他國」的干涉，他因此才提出英國來加以遏制，這也就是為甚麼戰爭爆發後，李鴻章一再寄希望諸列強介入，從而「以夷制夷」。

下午四時四十分，第三次談判結束，李鴻章返回住地。當他的坐轎經過距離行館不遠處的馬關外濱町，一日本年輕男子忽然從人羣中走出，在離轎不到兩米處，舉槍射擊。

子彈擊碎李鴻章眼鏡的左鏡片，擊中左顴，深入左眼下方，鮮血濺灑袍服，李鴻章當即昏厥。

這就是當時震驚世界的「李鴻章被刺」案。

大清國全權談判大臣李鴻章被刺的消息傳出，世界輿論譁然，發出一片譴責日本同情中國的聲音。日本天皇感到震驚，即派醫生趕赴馬關；日本皇后還為李鴻章特製了繃帶，並派出兩名護士。

李鴻章遇刺使和談形勢急轉而下。日本外相陸奧宗光觀察內外人心所向，認為內外形勢，已不准許兩國繼續交戰，日本方面如不迅速採取善後措施，將會發生不測的危機。如李鴻章以負傷作藉口，中途回國，對日本國民的行為痛加非難，巧誘歐美各國再度居中調停，至少不難博得一二列強的同情。如引出列強的干涉，則日本對中國的領土、賠款等要求將不得不大大讓步。

日本政府經過權衡，決定無條件停戰。

三月二十四日晚，陸奧宗光前去看望李鴻章時表示：中堂身受重傷，幸未致命。中堂的不幸，卻是大清國的大幸，此後議和條款必定會容易商辦。請寬心養傷，中日戰爭將從此停止。

一八九五年三月二十七日，日方交出停戰條約，提出除台灣、澎湖外，其他地區一律承諾停戰。

一八九五年四月一日，日方提出和約草案。這是一個苛酷之極的條約，它要求中國承認朝鮮完全自主，割讓遼寧省南部地區和台灣省、澎湖列島，賠償三億兩白銀，還要新開北京、杭州等七處西方列強覬覦多年而不可得的通商口岸。

病榻上的李鴻章致電北京稱：

「日本所索兵費過奢，無論中國萬不能從；縱使一時勉行應允，必至公私交困，所有擬辦善後事宜，勢必無力籌辦。且奉天為滿洲腹地，中國亦萬不能讓。日本如不將擬索兵費大加刪減，並將擬索奉天南邊各地一律刪去，和局必不能成，兩國惟有苦戰到底。」

四月五日，日方要求答覆的期限已屆，而清廷對條款遲遲未決。

軟弱的光緒，期望和談速成，慈禧卻「主戰」，翁同龢力主台灣不可放棄，禮親王、慶親王和軍機大臣孫毓汶知道戰不可為，恭親王奕訢則已病入膏肓，奄奄一息。

尚未接到清廷指令的李鴻章，如期向日方遞交了對和約草案的萬言答覆書。這個答覆，除承認朝鮮自主外，對割地、賠款、通商權利諸點都竭力抗爭。

割地問題，李鴻章強調：

「如果勒令中國照撥，不但不能杜絕爭端，且必令日後兩國爭端紛紛而起，兩國子孫永成仇敵，傳之無窮矣。」「國家所有之地，皆列代相傳數千年數百年無價之基業，一旦令其割棄，其臣民勢必飲恨含冤，日思報復。況奉天為我朝發祥之地，其南邊各處，如日本得去，以為訓練水陸各軍駐足之地，隨時可以直搗京師，凡在中國臣民，覽此約文，必曰：日本取我祖宗之地，以養水陸之兵，為乘隙蹈暇之計，是欲為我永遠之仇敵也。」「日本與中國開戰之時，令其公使佈告各國曰：我與中國打仗，所爭者朝鮮主權而已，非貪中國之土地也。日本如果不負初心，自可與中國將此約稿第二款並以下所指各款，酌量更改，成為一永遠和好彼此援助之約，屹然亞洲東方築一長城，不受歐洲各國之狎侮。日本如不此之圖，徒恃其一時兵力，任情需索，則中國臣民勢必嘗膽臥薪，力籌報復，東方兩國同室操戈，不相援助，適來外之攘奪耳。」

賠款問題，李鴻章強調：

「此次戰事，中國並非首先開釁之人，戰端已開後，中國亦並未侵佔日本土地，論理似不當責令中國賠償兵費。惟上年十月間，我政府因戰爭不息，美使願出調停，有允償兵費之說，原為息事安民起見。」「日本聲稱：此次戰爭，日本之意，在於欲令朝鮮自主。然中國於上年十月二十五日，業經聲明願認朝鮮自主。是縱使勒令中國賠償兵費，亦只應算至中國願認朝鮮自主之日而止，過此不應多索。」「日本所索兵費數目，必非中國現在財力所能償。現如將內地賦稅加增，百姓必至相率為亂。蓋國家屈志求和，百姓已引為深恥，如復橫徵暴斂，貧民豈能相安？」

在萬言覆文的最後，李鴻章說：「本大臣尚有一言，效其忠告，惟貴大臣恕而聽之。本大臣回溯服官中外，近五十年，現在自顧晚景無多，致君澤民之事，恐終於此次之和局。所以極盼約章一切妥善，毫無流弊。兩國政府從此永固邦交，民生從此互相親睦，以副本大臣無窮之願望。今和局將次議成。兩國民生後來數世之造化命運，皆在兩國全權大臣掌握之中，故宜遵循天理，以近今各國大臣深謀遠慮之心為師法，而保兩國民人之利益福澤。」「本大臣為中國頭等全權大臣，自能代中國決計，與日本全權辦理大臣訂一周密完善永遠和睦之約章，俾將來嫌隙無從而生，釁端無從而起。如此和局，訂約者不但不遭後人之唾罵，亦且與有光榮。庶東方兩大國百姓日後永遠和睦，彼此相安，福澤綿長，實基於此，望貴大臣熟思而圖利之！」

李鴻章的萬言書，日方也私下承認是「筆意精到」的「一篇好文章」。但在照會李鴻章時則指責中方避實就虛，沒有對和議條款具體表示可否。

一八九五年四月六日，李鴻章致電清廷，請朝廷明確表示意見。他估計：「若欲和議速成，賠費恐須過一萬萬，讓地恐不止台澎。」

慈禧對李鴻章的態度是：

「兩地皆不可棄，即撤使再戰，亦不恤也！」

朝廷爭吵不休，議論不決，總理衙門致電李鴻章，讓對割地賠款問題直抒己見，「不得退避不言」。同時指示他在談判時「先將讓地應以一處為斷，陪費應以萬萬為斷，與之竭力申說」。

根據清廷交代的「底線」，李鴻章草擬了對和約的修正稿。

一八九五年四月八日，伊藤博文邀李鴻章之子李經方（李鴻章遇刺後清廷已添派其為全權大臣）談話，質問中方為何對和約遲遲不作明確答覆。因伊藤博文態度強硬，李經方未敢將修正稿交出。

伊藤博文特別言明：

「賠款數額雖可略減，但決不能作大量削減；割地則奉天、台灣皆須割讓。同時希中國使臣能深切考慮現在兩國之間的形勢，即日本為戰勝者、中國為戰敗者之事實。前者由於中國請和，日本應允，始有今日之議和，若不幸此次談判破裂，則我一聲令下，將有六七十艘運輸船隻搭載增派之大軍，舳艫相接，陸續開往戰地，如此，北京的安危亦有不忍言者。如再進一步言之，談判一旦破裂，中國全權大臣離開此地，能否再安然進入北京城門，恐亦不能保證。」

一八九五年四月九日，李鴻章經請示清廷，向日方提出了對和約的全盤修正案。其要點是：同意割讓遼南的安東縣、寬甸縣、鳳凰廳、岫岩州及澎湖列島，賠款一億兩。修正案的關鍵是保全台灣和將賠款壓在一億兩之內。

第四次談判

一八九五年四月十日。

下午四時，春帆樓，李鴻章傷勢初癒，親自參加。

伊藤博文請李鴻章只對日方新提出的修正案簡單回答「允」或「不允」。首先談判賠款。日方已將數目改為兩億兩。李鴻章堅持為數甚巨，不能擔當。伊藤博文說，減至此數，萬難再減！

雙方唇舌相爭，互不相讓。伊藤博文聲稱中國之地，十倍於日本。中國之民四億，財源甚廣。李鴻章反唇相譏：「那，中國請你去當首相怎麼樣？」

伊藤博文說，只要皇上同意，我很願意前往！

李鴻章：「日本已得勝，何必逼人太甚，使人不能擔當？」

伊藤博文：「不能擔當，就是不允的意思嗎？」

李鴻章：「我誠意修和，但辦不到的事，不能不直說。」

在談判割地問題時，李鴻章列舉西方戰爭史的成例，說明兵力未到處不能割讓的道理。但伊藤博文毫不理會，反問中國為甚麼將黑龍江一帶的許多地方，未經戰爭讓給了俄國。

李鴻章唇焦舌敝，堅持「三大端」：

二萬萬為數甚太巨，必請再減少，營口還請退還；台灣不必提及。他甚至以台灣難以治理來警告伊藤博文，說台民強悍，生番又多半吸食鴉片。

伊藤博文自信地告訴李鴻章，不必為日本操心，他自有辦法治理台灣，中國只管將兵、官撤回即可，並且誇下豪語：「佔領台灣後，必定將鴉片禁掉！」

次日，四月十一日，伊藤博文致函李鴻章，聲明昨日的修正案為「盡頭條款」，中國對其只有諾否二字。限於四日內答覆。

這是最後通牒。

李鴻章要求再行會商，被伊藤博文拒絕。

與此同時，日方派出二十艘運兵船直撲大連灣，以軍事壓力逼使中國就範。

清廷和李鴻章都恐懼談判破裂，函電商榷後，決定放棄強硬抗爭。

四月十四日，李鴻章接到准予簽約的最後諭旨：

「原冀爭得一分有一分之益，如竟無可商改，即遵前旨與之定約……」

第五次談判

一八九五年四月十五日午後，中日雙方在春帆樓舉行《馬關條約》最後一次談判。

已奉到最後諭旨的李鴻章，依然試圖作最後的討價還價。

李鴻章：「昨天我派經方到貴大臣處面談，貴大臣毫不放鬆，不肯稍讓。」

伊藤博文：「我早已說明，已讓到盡頭。」

李鴻章：「現已奉旨，令本大臣酌量辦理。這件事難辦已極，還請貴大臣替我酌量，我實在無法酌量。」

伊藤博文：「我的處境，和中堂相似啊。」

李鴻章：「你在貴國所決定的各件事，沒有人敢駁難的。」

伊藤博文：「也有被駁的時候。」

李鴻章：「總不像我在中國被人駁難得那麼厲害。」

伊藤博文：「我不比中堂，中堂在中國位高望重，沒有人可以搖動。我國議院權力很大，我做事一有錯失，即可被議。」

「去年滿朝言官屢次參劾我，說我與日本伊藤首相交好。看來他們是參對了！今天我和你議和立約，豈不就是交好的明證嗎？」

「這些人不明時勢，所以參劾中堂。現在的情形他們已明白，定會懊悔當日所參的不對。」

「如此兇狠的一個條約，我簽字定要受罵。怎麼辦？」

「任他們胡說！這樣的重任，他們誰也擔當不起，在中國只有中堂一人能擔。」

「事後又將羣起攻我。」

「說便宜話的人到處都有。我這裏也一樣。」

「這些先不說了。我來議和，皇上令我酌事，如果能將原約酌改數處，才可擔得起重任。請貴大臣替我細想，甚麼地方還能酌讓？例如賠款讓地，總請少讓，即可定議。」

「一開始就已說明，萬難少讓。我們是談判四五次，才讓到眼下。我將中國的情形細緻想過，減到了無可再減的地步。議和不是市井買賣，彼此爭價，不成事體。」

李鴻章：「日前臨別時，我請讓五千萬，當時貴大臣有讓的意思。如能讓這些，和約就可以簽訂。」

「如果能讓，早就讓了。」

「五千萬不能讓，二千萬行不行？這裏有剛出版的日本報紙，說你們的兵費只用了八千萬。這說法恐怕不會毫無根據吧。」

伊藤博文（取報紙看）：「這種新聞，完全是和國家作對的，不能信！」

……

◀ 馬關談判地點春帆樓

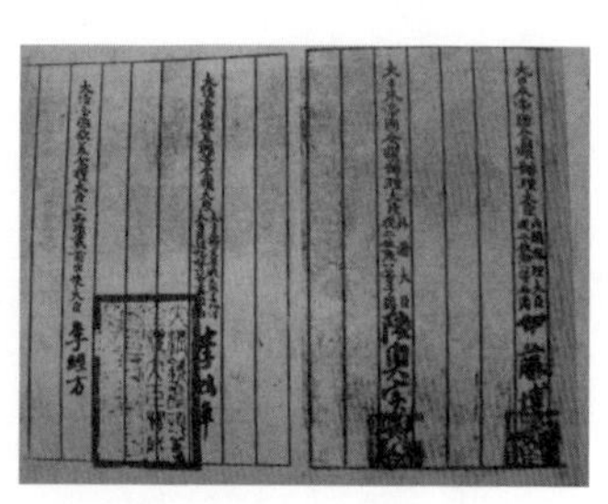

▲《馬關條約》簽字頁

這番唇舌纏磨從午後一直持續到夜晚，李鴻章苦苦相爭，僅僅使日方答應若大清國三年內還清全部賠款，則賠款的利息可免。

李鴻章「磋磨」無功，試圖拖延簽約及履約日期。伊藤緊追不捨。李鴻章說：「貴國何必着急？台灣已是口中之物。」

伊藤就此說出了那句後來震驚全世界的「名言」：

「尚未下嚥，飢甚！」

四月十七日，中日兩國簽訂講和條約於日本馬關春帆樓。

當日下午，日本首相伊藤博文召集馬關市各界在春帆樓舉行慶功宴。他告訴在場的各界人士：「這次空前的勝利，不僅是故鄉父老的光榮，也是皇國海軍的大功業。希望大家不要忘了維新以來的不朽功業發源地馬關，也別忘了這裏日清講和的地方。」

春帆樓，後來被馬關市（現在叫下關）教育當局列為文教參觀古跡之一。仿中國唐朝建築外形的紀念館內，依然保持當年的一切擺設。大廳內，兩盞大燈已經褪色，法國製造的暖爐特地從皇宮借來陳設。談判大桌的四周，十二張椅子依當年各人的順序排列整齊，椅子後方豎着每位代表的名牌。伊藤博文座位旁的牆上掛着兩幅大字：「忠」與「孝」。當年簽約用過的筆、墨、硯擺設依然。會場四周用透明玻璃圍着，遊客只能隔着玻璃憑弔。

大廳的北牆陳放着一幅日本人繪製的《日清講和談判圖》：伊藤博文和陸奧等人穿着黑色軍服、腰際佩着軍刀，軒昂挺直；李鴻章等大清官員身着馬褂、長辮垂腰、曲身拱手向日方代表低頭致意，伍廷芳雙手捧着條約正遞給伊藤，中國代表的卑屈與日本的氣勢凌人成了極強烈的對比。

有海外遊子看到這幅畫當即落淚。[73]

隨李鴻章參加馬關談判的三位「參事官」中，羅豐祿是當年生氣勃勃的「馬尾少年」——船政學堂駕駛班第一屆畢業生中英文水平最為出衆的一個。他以翻譯的身份和嚴復等人一同留學英國，學習了自然科學、政治。一八八〇年，北洋水師大沽船塢竣工後，他曾被任命為船塢總辦。一八八八年，他親自參與了《北洋海軍章程》的擬訂。馬建忠，曾作為護送留歐海軍學員的工作人員，在法國巴黎精讀了政治、法律、外交、物理、文學，他精通英文、法文，是《紅樓夢》最早的西文翻譯者。他曾在處理朝鮮壬午之變時大顯才幹，又是旅順海軍基地最早的勘察選址人。伍廷芳是英國林肯法律學院的畢業生，曾在香港擔任律師，還受聘為香港法官兼立法局議員，後成為李鴻章的幕僚。

中國的改革，並非清醒地，卻早就朦朦朧朧地在事實上儲備堪當大用的人才，他們是軍事人才、外交人才，本來或許也是更深刻的政治變革所不可或缺的歷史角色。馬關的悲劇，是一個民族的悲劇，也是一代人才的悲劇——他們個人命運的毀滅，甚至比一個國家的毀滅更顯沉重。這些當年生氣勃勃的年輕人，被歷史無情地剝奪了一展抱負的權力。他們難道是為「馬關」這個黑色墓碑而準備的殉葬品嗎？

伊藤博文和他的父老在彈冠相慶。

李鴻章與伊藤博文，在十九世紀那個「大時代」中，既為對手又堪稱同道。伊藤博文主張變革實行變革，使日本走向一條強國稱霸道路；李鴻章被稱為「中國的伊藤博文」，他的變革之路的終端，是「檣櫓灰飛煙滅」的敗局，是割地賠款的萬世恥辱。

談判後期，伊藤博文與李鴻章有過一番對彼此出身地的交談。

73《發現台灣》，頁二四八。

李鴻章感歎：「長門是人物薈萃之地啊。」

伊藤博文卻說：「不比貴國湖南安徽兩省所出的人物。」

李鴻章：「湖南像貴國的薩斯馬，最尚武功；長門如安徽，不過安徽還是不能相比，差多了。」

伊藤博文：「這次是中國的失敗，不是安徽的失敗。」74

……

一八九五年十一月八日，距《馬關條約》簽訂半年之後，在列強干涉下，日本向中國退還遼東半島。中日簽訂《還遼條約》的同日，李鴻章在致新疆巡撫陶模的信中說：

> 十年以來，文娛武嬉，釀成此變。平日講求武備，輒以鋪張糜費為疑，至以購械、購船，懸為厲禁。一旦有事，明知兵力不敵而淆於羣哄，輕於一擲，遂至一發不復收。戰絀而後言和，且值都城危急，事機萬緊，更非尋常交際可比。兵事甫解，謗書又騰，知我罪我，付之千載……

春帆樓前面的坡道今天已改名「李鴻章道」。春帆樓前廣場立起一塊兩人高的石碑，上面用俊逸的漢字書法刻着：

> ……六師連勝，清廷震駭，遽請弭兵……講和條約初成而樓名喧傳於世。
>
> 嗚呼！今日國威之隆盛，實濫觴於甲午之役……

尾聲

北洋海軍正式成軍那年，紫禁城內發生過一起造成慘重損失的火災。在距光緒皇帝大婚典禮僅一個多月的陰曆十二月十五日深夜，在貞度門值夜的兩個年老的官兵，倦而熟睡，不料簷柱上的油燈燃着山牆，引起一片大火。由於消防乏術，大火整整燃燒了兩天，磚石紅透，貞度、太和、昭德三門化為灰燼。光緒成婚在即，喜期逼近，重修三門已完全沒有可能。然而足使後人驚歎的事發生了：朝廷緊急調來一批手藝精湛的第一流棚工，命令他們解燃眉之急。數日後，三座門彷彿從天而降，又巋然屹立在紫禁城內。這是三座假門，但是用毛竹葦席搭就的假門足可亂真。據記載：新門「高卑廣狹無少差至，榱桷之花，鴟吻之雕鏤，瓦溝之廣狹，無不克肖，雖久執事內廷者，不能辨其真偽。而且高逾十丈，凜冽之風不稍搖動」。這是三座假門。這是一個民族的真實。[75]

一八九五年二月二十一日下午，細雨濛濛。北洋海軍軍艦「康濟」號在低沉的輪機聲中起碇，緩緩地駛離已經陷落的劉公島。嚴格地說，「康濟」已不能稱作軍艦——它已被日本人拆除了所有的艦炮，像一條被敲掉了牙齒的鯊魚。據日方記載：伊東司令長官得悉已服毒自殺的丁汝昌的靈柩和其他死者的靈柩，擬用一條小木船送出威海衞時，「胸中不禁感慨。丁汝昌雖力盡戰敗，但如果他的遺體載於一葉之舟，實為有血有肉的日本男兒所不忍……」，在伊東佑亨批准下，「康濟」被改造成一艘靈船。當年馬尾學堂的小學員，「康濟」管帶薩鎮冰駕駛這艘靈船，載着丁汝昌、劉步蟾以及最後自殺的楊用霖等人的靈柩，和

74 關於馬關談判的詳細記錄，見王芸生：《六十年來中國與日本（二）》（北京：三聯書店，一九七九年）。

75 王樹卿、李鵬年《清宮史事》（北京：紫禁城出版社，一九八六年），頁二四七。

▲ 晚年李鴻章

▲ 李鴻章（中）和奕劻（右）在《辛丑合約》談判桌旁

一千餘名官兵，在這寒冷的下午開往煙台。灰濛濛的海天中，黑色的靈船離開長臂般的鐵碼頭，緩慢滯重地向東口移動。它發出一聲喑啞的汽笛，駛過已成廢墟的日島炮台。突然間，海面上響起隆隆的炮聲。一艘艘日本軍艦上，嗚響哀炮，一面面飄揚着的太陽旗正緩緩下降……

海風凜冽。天空中飄着冰涼的雨滴。浪沫混濁。除了海水還是海水。除了寂寥的天空還是寂寥的天空。

繼甲午戰爭，中國又經歷了八國聯軍戰亂。當時已貶任兩廣總督的李鴻章，奉命北上收拾殘局，來到天津時，目睹一片廢墟，不禁痛哭失聲。一九〇一年十月，李鴻章剛簽完《辛丑合約》，便「憂愁焦勞，肝疾增劇，時有盛怒，或如病狂」。他開始吐血。直到逝世前一個小時，俄國大使還因李鴻章拒簽中俄交收東三省條約而上門來強詞威逼。

當李鴻章在晚年追憶起這個民族多災多難的歷史和他個人悲劇性的一生時，他說過如下的話：「我辦了一輩子的事，練兵也，海軍也，都是紙糊的老虎，何嘗能實在放手辦理，不過勉強塗飾，虛有其表，不揭破尤可敷衍一時。如一間破屋，由裱糊匠東補西貼，居然成一間淨室，雖明知為紙片糊裱，然究竟決不定裏面是何等材料，即有小小風雨，打成幾個窟窿，隨時補葺，亦可支吾應付。乃必欲爽手扯破，又未預備何種修葺材料，何種改造方式，自然真相破露，不可收拾，但裱糊匠又何術能負其責？」[76]

一八九五年二月，中國海關總稅務司赫德說過這樣的話：

「恐怕中國今日離真正的政治改革還很遠。這個碩大無朋的巨人，有時忽然跳起，呵欠伸腰，我們以為他醒了，準備看他作一番偉大事業，但是過了一陣，卻看見他又坐了下來，喝了一口茶，燃起煙袋，打個呵欠，又朦朧地睡着了！……」[77]

李鴻章最親密的幕僚周馥趕到賢良寺時，李鴻章已被穿上殮衣，「呼之猶應」，不能言語。整整一天一夜，瞠視不瞑。周馥撫着他的眼皮哭道：「老夫子還有何事放不下，不忍去啊？你所經手未了之事，我輩可以辦了，請放心去罷！」李鴻章驀然睜大了眼睛，嘴角顫動。然而他已發不出聲——

「吾敬李鴻章之才，吾惜李鴻章之識，吾悲李鴻章之遇。李之歷聘歐洲也，至德見前宰相俾斯麥，叩之曰，為大臣者，欲為國家有所盡力，而滿廷意見，與己不合，羣掣其肘，於此而欲行厥志，其道何由？俾斯麥應之曰，首在得君，得君既專，何事不可為？李鴻章曰，譬有人於此，其君無論何人之言皆聽之，居樞要侍近習者，常假威福，挾持大局，若處此者當如之何？俾斯麥良久曰，苟為大臣，以至誠憂國，度

76 《庚子西狩叢談》，頁一〇七。
77 《中國海關與中日戰爭》，頁八十二。

未有不能格君心者，惟與婦人孺子共事，則無如何。李默然……」[78]

兩行老淚慢慢地流過面頰……

「我中堂佐治以來，無利不興，無弊不革，艱難險阻，尤所不辭。如籌海軍、鐵路之難，尚毅然而成立，況於農桑之大政，為民生命脈之所關，且無行之難，又有行之人，豈尚有不為者乎？」[79]

淚光中，黑色的靈船正緩緩地駛離長臂般的鐵碼頭。

李鴻章死於一九〇一年十一月七日。

78 梁啟超：《李鴻章傳》。

79 孫中山：《孫中山全集（一）》，頁十八。

再版後記

《海葬》的首次發表，在一九八九年第一期《解放軍文藝》雜誌。一九九〇年，香港三聯書店出版此書。二〇〇四年，香港中華書局修訂出版，更名為《大清海軍與李鴻章》。本次修訂，書名改回《海葬》。

本書寫於上世紀八十年代，作者對史料的佔有，受彼時的局限。自一九八九年以來，特別是二〇〇一年之後，研究北洋海軍史、甲午戰爭史的新生代活躍登場。憑藉互聯網的平台，新材料新觀點湧現。在香港的兩次修訂，作者除了增補馬關談判一節、訂正錯誤，對本書的內容和框架未做大動。書寫者的狀態亦是歷史，特定語境下的歷史寫作文本也很重要，目前本書仍可看作是一個「八十年代文本」。

上世紀八十年代搜集資料寫作本書時，作者得到中國近代海軍史專家姜鳴先生的傾力支持。這兩次修訂，則得到近代海軍史專家陳悅先生的熱情幫助。尤其是這一版，陳悅先生仔細審讀，提出了寶貴的修改意見。作者謹向姜鳴先生和陳悅先生致以衷心的感謝！

附錄：甲午相關人物海外學習經歷概覽

本書二〇一四年修訂版增補了新資料——甲午相關人物海外學習經歷概覽。這兩份名單中參與了中日甲午戰爭的兩國政界、軍界人物，都有海外留學或考察學習的經歷。需要說明，正式留學之外的「考察學習」，包括出訪考察調研、率隊接訂購的軍艦以及擔任駐外武官的經歷。

這份名單是在筆者掌握的現有資料基礎上整理的，有待繼續搜求完善。例如，有海外學習經歷的工程技術人員，許多人的資料，筆者尚不清楚。留學生的經歷，這裏顯示了入學資訊，但學業完成情況多有盲點，暫時從缺。

這份名單的資料來源包括：

王家儉著《清末海軍留英學生的派遣及其影響（一八七六——一八八五）》（國立台灣師範大學歷史學報一九七四年第二期）；

《大清留美幼童記》（錢鋼、胡勁草著，香港中華書局，二〇〇八年）；

「日清戰爭從軍記」（池上登等編，座間市立圖書館，一九八八年）；

「東アジア史としての日清戰爭」（大江志乃夫著，立風書房，一九九八年）；

「日清戰爭秘藏寫真が明す真実」（檜山幸夫著，講談社，一九九七年）；

「日清戰史　第一卷」（參謀本部編，東京印刷株式會社，一九〇四年）；

「日清戰史　第二卷」（參謀本部編，東京印刷株式會社，一九〇四年）；

「日清戰史　第三、四卷」（參謀本部編，東京印刷株式會社，一九〇七年）；

「陸海軍人國記」（伊東金次郎著，芙蓉書房，一九八〇年）；

「川村純義　中牟田倉之助傳」（田村栄太郎著，日本軍事圖書館株式會社，一九四四年）；
「元帥西鄉從道伝」（西鄉從宏著，芙蓉書房，一九九七年）。

這份名單的研究整理，得到日本北海道大學中國留學生武偉宸、香港大學新聞及傳媒研究中心研究助理董憶穎、在美國華盛頓的王曉平和謝晨光的熱情幫助，特此致謝。

甲午相關人物海外學習經歷（中國）

姓　名	出生年份	曾到國家	
伍廷芳	1842	英國	
馬建忠	1845	法國	
羅豐祿	1850	英國	
陳季同	1851	英國、法國、德國、奧地利	
徐建寅	1845	德國、法國、英國	
丁汝昌	1836	英國	
林泰曾	1851	英國	
劉步蟾	1852	英國	
鄧世昌	1849	英國	
方伯謙	1853	英國	
葉祖珪	1853	英國	
林永升	1853	英國	

戰時職務	經　歷
李鴻章幕僚，參與馬關談判	1874 年自費赴英留學，1877 年畢業於林肯法律學院（Lincoln's Inn）。
李鴻章幕僚，參與馬關談判	1877 年赴法國，先後入巴黎自由政治學院（Ecole libre des sciences politiques）、巴黎大學法學院（Nouvelle faculte de droit de Paris）
李鴻章幕僚，參與馬關談判	1877 年赴英，入倫敦大學國王學院（King's college，London），1880 年畢業。
在天津辦理洋務；署理台灣布政使	1876 年赴歐洲考察；1977 年入巴黎自由政治學院（Ecole libre des sciences politiques）
直隸候補道，奉旨查驗北洋海軍	1879—1881，在英國考察技術並訂購鐵甲艦
北洋海軍提督	1881，率隊到英國接艦
北洋海軍左翼總兵，鎮遠艦管帶	1875 年赴英，入高士堡學校（校名可能是 Dr. Burney's Academy, Gosport），1877 年登英艦實習
北洋海軍右翼總兵，定遠艦管帶	1875 年赴英，入高士堡學校（校名可能是 Dr. Burney's Academy,Gosport），1877 年登英艦實習
致遠艦管帶	1881、1887 兩次率隊到英國接艦
北洋海軍濟遠艦管帶	1877 年赴英，入格林威治海軍學院（Royal Naval College,Greewich），1878 年登英艦實習
北洋海軍靖遠艦管帶	1877 年赴英，入格林威治海軍學院（Royal Naval College,Greewich），1878 年登英艦實習
北洋海軍經遠艦管帶	1877 年赴英，入格林威治海軍學院（Royal Naval College,Greewich），1878 年登英艦實習

	曾到國家	出生年份	姓　名
	英國	1854	嚴復
	英國、日本	1859	薩鎮冰
	英國、日本	1852	林穎啓
	英國、日本	1852	黃建勳
	德國、英國、日本	1852	林履中
	日本	1855	藍建樞
	英國、日本	不詳	邱寶仁
	英國	1861	李鼎新
	英國	1861	陳兆藝
	英國	1858	劉冠雄
	英國	1863	沈壽堃

戰時職務	經　歷	
天津水師學堂教習	1877 年赴英，入格林威治海軍學院（Royal Naval College,Greewich）	
北洋海軍康濟艦管帶	1875 年參加揚武艦遠航實習赴新加坡、小呂宋、日本長崎；1877 年赴英，入格林威治海軍學院（Royal Naval College,Greewich）	
北洋海軍威遠艦管帶	1875 年參加揚武艦遠航實習赴新加坡、小呂宋、日本長崎；1877 年赴英，登英艦實習	
北洋海軍超勇艦管帶	1875 年參加揚武艦遠航實習赴新加坡、小呂宋、日本長崎；1877 年赴英，登英艦實習	
北洋海軍揚威艦管帶	1875 年參加揚武艦遠航實習赴新加坡、小呂宋、日本長崎；1883 年赴英，入高士堡學校（校名可能是 Dr. Burney's Academy,Gosport）、格林威治海軍學院（Royal Naval College,Greewich）。接定遠艦期間在德、英考察	
北洋海軍鎮中砲艦管帶	1875 年參加揚武艦遠航實習赴新加坡、小呂宋、日本長崎；	
北洋海軍來遠艦管帶	1875 年參加揚武艦遠航實習赴新加坡、小呂宋、日本長崎；1883 年赴英，入格林威治海軍學院（Royal Naval College,Greewich）	
北洋海軍定遠艦副管駕	1882 年赴英，入格林威治海軍學院（Royal Naval College,Greewich）。1883 年登英艦實習	
北洋海軍威遠艦操練大副	1882 年赴英，入格林威治海軍學院（Royal Naval College,Greewich）。1883 年登英艦實習	
北洋海軍靖遠艦幫帶	1886 年赴英，登英艦實習。入炮廠學習	
北洋海軍定遠艦槍炮大副	1886 年赴英，入格林威治海軍學院（Royal Naval College,Greewich）。登英艦實習	

	曾到國家	出生年份	姓　名
	英國	1861	陳恩燾
	英國	1867	伍光建
	英國	1862	鄭汝成
	英國	1866	王學廉（邵廉）
	英國	1864	黃鳴球
	英國		羅忠銘
	美國	1864	陳金揆
	美國	1864	吳敬榮
	美國	1864	沈壽昌
	美國	1865	黃祖蓮
	美國	1864	曹嘉祥
	美國	1861	宋文翽
	美國	1864	徐振鵬

戰時職務	經　歷	
北洋海軍督標總管全軍軍械委員	1886 年赴英，登英艦實習	
天津水師學堂教習	1886 年赴英，入格林威治海軍學院（Royal Naval College,Greewich），入倫敦大學	
威海水師學堂教習	1886 年赴英，入格林威治海軍學院（Royal Naval College,Greewich）。登英艦實習。	
威海水師學堂教習	1886 年赴英，入格林威治海軍學院（Royal Naval College,Greewich）。登英艦實習	
鎮邊炮艦管帶	1886 年赴英，登英艦實習	
天津水師學堂教習	1886 年赴英，入格林威治海軍學院（Royal Naval College,Greewich）	
北洋海軍致遠艦大副	留美幼童。1875 年赴美，曾入新罕布什爾州菲力普艾克瑟特中學（Phillips Exeter Academy）	
廣甲艦管帶	留美幼童。1874 年赴美，曾入瑞薩萊爾理工學院（Rensselaer Polytechnic, Troy）	
北洋海軍濟遠艦幫帶大副	留美幼童。1875 年赴美，曾入康州諾威奇自由學校（Norwich Free Academy）	
廣丙艦幫帶大副	留美幼童。1875 年赴美，曾入新罕布什爾州菲力普艾克瑟特中學（Phillips Exeter Academy）	
北洋海軍鎮遠艦槍炮大副	留美幼童。1874 年赴美，曾入康州哈特福德公立高中（Hartford Public High School）	
廣甲艦大副	留美幼童。1872 年赴美，曾入麻省理工學院	
北洋海軍定遠艦魚雷大副	留美幼童。1874 年赴美，曾入耶魯大學	

曾到國家	出生年份	姓　名
美國	1860	吳應科
美國	1861	蔡廷幹
美國	1861	王良登
美國	1864	吳其藻
美國	1864	梁誠
美國	1861	林聯輝
德國	1846	卞長勝
德國		劉芳圃
德國	1865	段祺瑞

戰時職務	經　歷
北洋海軍提標督隊船大副	留美幼童。1873 年赴美，曾入瑞薩萊爾理工學院（Rensselaer Polytechnic, Troy）
北洋海軍福龍號魚雷艇管帶	留美幼童。1873 年赴美，曾入康州新不列顛高中（New Britain High School）
北洋海軍旅順魚雷營（職務不詳）	留美幼童。1873 年赴美，曾入哈佛大學
北洋海軍旅順魚雷營（職務不詳）	留美幼童。1875 年赴美，曾入康州哈特福德公立高中（Hartford Public High School）
全權議和大臣張蔭桓隨員	留美幼童。1875 年赴美，曾入麻省安道渥菲力普斯學校（Phillips Andover Academy）。
曾為李鴻章醫官，北洋醫學堂總辦	留美幼童。1873 年赴美，曾入麻省安道渥菲力普斯學校（Phillips Andover Academy）
淮軍副將	1876 年赴德，入施邦道步兵四團，去威廉港練習艦和基爾港炮台實習
北洋海軍右二魚雷艇管帶	1876 年赴德，入施邦道步兵四團
威海隨營武備學堂教習	1888 年赴德，入柏林軍事學院、克虜伯炮廠

甲午相關人物海外學習經歷（日本）

	曾到國家	出生年份	姓　名
	英國、德國、美國、法國、俄國、奧地利、比利時	1841	伊藤博文
	美國、歐洲各國	1844	陸奧宗光
	英國	1850	林董
	荷蘭，俄國，中國	1836	榎本武揚
	歐洲、美國	1842	野村靖
	德國、法國	1843	井上毅
	德國、法國	1849	西園寺公望
	歐洲、美國	1840	黑田清隆
	美國、中國	1831	仁禮景範
	奧地利	1836	川村純義
	英國、法國、德國、美國、意大利、俄國	1843	西鄉從道
	英國，美國	1837	樺山資紀
	英國，德國，美國	1852	山本權兵衛
	英國	1860	斎藤孝至

戰時職務	經　歷	
日本內閣總理大臣（日本首相）	1863 年英國倫敦大學學院；1882—1883 年赴德國進行政治考察	
日本外交大臣	1970 年參加岩倉具視考察團周遊歐美；1883 年赴歐美各國考察議會制度	
外務次官	1866 年受幕府派遣赴英國留學，入倫敦大學學院（University College, london）和國王學院（King's college, London）；1871 年參加岩倉具視考察團考察歐美	
農商務大臣	1862—1867 年赴荷蘭留學；任駐俄國公使、清國公使、外交大臣	
內相	1871 年參加岩倉具視考察團赴歐美考察	
文相	1872 年赴歐洲考察	
文相	1871 年—1880 年留法十年，1882 年隨伊藤博文考察歐洲憲政	
遞相，轉任樞密院議長	1871 年赴歐美游歷	
樞密院顧問官	1867 年赴美留學，入孟松學校（Monson academy）；1885 年隨伊藤博文前往清國	
樞密院顧問官	1872—1873 年赴維也納參觀世界博覽會	
海軍大臣	1869—1870 年、1886—1887 年，兩次赴歐美各國考察軍事	
海軍軍令部長	1887—1888 赴歐美考察海軍軍事狀況	
海軍大臣副官、參謀官	1877—1878 年登德國軍艦隨行海外；1887—1888 年隨樺山資紀考察歐美各國海軍情況	
海軍省秘書官	1889 年登英艦學習；1890 年赴英國留學	

曾到國家	出生年份	姓　名
英國	1855	末松謙澄
德國	1857	伊東巳代治
美國	1858	斎藤實
美國、歐洲各國	1835	有棲川宮熾仁親王
英國、法國、德國、俄國	1846	小松宮彰仁親王
英國	1852	伊集院五郎
美國、英國、法國、德國、意大利、中國、朝鮮	1848	川上操六
德國、奧地利、比利時	1852	兒玉源太郎
英國、中國	1859	柴五郎
法國	1852	寺內正毅
德國	1844	野田豁通
德國	1854	田村怡與造
英國	1851	佐藤鎮雄
英國、美國	1842	松村淳蔵

戰時職務	經　歷
法制局長官	1978 年赴英國，1881 年入劍橋大學
內閣書記官長	1882 年隨伊藤博文到歐洲考察憲政
明治天皇侍從武官	1884—1888 年赴美國進行軍事研修、兼任駐美國公使館武官
大本營參謀總長	1882 年 6 月—1883 年 2 月參加亞歷山大三世即位典禮後，遍訪歐美各國
征清大總督府大總督	1886 年訪問歐洲
大本營海軍部參謀	1877 年赴英留學，1878—1882，登英艦研修，1882 年入格林威治海軍學院（Royal Naval College,Greewich）
大本營陸軍參謀（全作戰統籌）	1884 年隨大山岩、桂太郎赴歐美各國考察兵制；1887 年，與乃木希典等人一同赴德國留學，期間深入調查德國參謀本部組織形態、戰術原理體系
大本營參謀	1891 年赴德國考察軍制、戰術
大本營參謀	1884 年赴中國，曾到福州、北京；1894 年 3 月出任駐英國臨時代理公使，8 月以武官身份回國
大本營運輸通信長官	1882 年出任駐法公使
大本營兵站總監部野戰監督長官部長官	1885 年留學德國
大本營兵站總監部參謀	1883 年入柏林軍事學院
海軍炮術練習所長	1869 年赴英留學
海軍兵學校校長	1865 年秘密出國，先後入英國倫敦大學、美國格羅斯學院，1869 年入安納波利斯海軍學院（United States Naval Academy），1873 年成為第一個畢業於該校的日本人

	曾到國家	出生年份	姓　名
	新西蘭、英國、中國	1843	伊東佑亨
	法國	1845	鮫島員規
	英國、意大利、荷蘭	1858	島村速雄
	美國、英國	1849	湯地定監
	德國	1873	山階宮菊麿
	德國、中國、英國	1850	河原要一
	英國、法國	1859	吉松茂太郎
	英國、法國、德國	1851	餅原平二
	美國	1843	坪井航三

戰時職務	經　歷
聯合艦隊司令長官	1882—1883 年，作為龍驤艦長巡航新西蘭、智利、夏威夷，並在當地進行實地演習；1884 年，作為扶桑艦長巡航清國，視察中法戰爭；1885 年赴英國接艦，任浪速艦回航委員長。
聯合艦隊參謀長	1891 年 12 月任回航委員長，任前往法國接收松島艦
聯合艦隊參謀	1888 年赴英留學；1889 年實習於英國地中海艦隊，同時研究英國海軍制度、教育
聯合艦隊工程總管	1872 年赴美留學，入孟松學校（Monson Academy）；1877 年入美國海軍學院；1885 年任回航委員，赴英國接收浪速艦
吉野艦分隊士	1892 年入德國基爾皇家海軍學院
吉野艦長	1873 年，為實地研究乘築波艦巡航上海、大連灣等地；1876 年赴德國學習，為做艦務研究乘坐德艦巡航好望角、南美、英國；1885 年赴英國商談購入高千穗艦；1890 年出任英國公使館武官
吉野艦分隊長	1885 年作為回航事務監督委員前往英國接收浪速巡洋艦；1888 年留學法國，登炮術練習艦實習；1891 年作為兵器製造監督官在法國監督松島軍艦、嚴島軍艦建造事項
常備艦隊水雷艇隊司令長官	1885 年，作為回航委員赴英國接收浪速艦
常備艦隊司令官；第一游擊隊司令官；旅順基地司令官	1871 年在美國亞洲艦隊上實習；1872 年受實習艦隊長官約翰· 羅傑斯（Admiral John Rodgers）少將邀請入美國華盛頓哥倫比亞大學

	曾到國家	出生年份	姓　名
	美國、歐洲各國	1848	日高壯之丞
	英國、美國、法國、德國、意大利、俄國	1856	舟木錬太郎
	英國、法國	1854	富岡定恭
	法國	1863	武田秀雄
	英國、美國、法國、德國、俄國	1862	有棲川宮威仁親王
	英國	1855	出羽重遠
	英國	1849	新井有貫
	英國、法國	1851	黒岡帯刀
	美國、英國	1856	世良田亮
	英國	1854	阪元八郎太
	美國	1851	井上良智

戰時職務	經　歷
橋立、松島艦長	1887—1888 年隨樺山資紀海軍次官考察歐美各國海軍狀況
大和艦長、金剛艦長	1875 年赴英國留學，入格林威治海軍學院 (Royal Naval College,Greewich)，後進入英國地中海艦隊實習；1886 年隨西鄉從道赴歐美考察各國軍事
嚴島艦副長、龍田艦長	1876 年從海軍兵學院畢業後登英國軍艦，學習高級船員基本知識以及炮術；1887 年赴英國、法國，調查購買艦炮
嚴島艦工程技術官員	1892 赴法國留學
松島艦長	1881 年入英國格林威治海軍學院 (Royal Naval College,Greewich)
西海艦長	1885 年 5 月 26 日—1886 年 6 月赴英國接收浪速艦，任回航委員
扶桑艦長	1890 年任回航委員長，赴英國接受千代田艦
築波艦長	1870 年入倫敦當地學校，隨後入樸茨茅斯皇家海軍學院學習；1880 年作為有棲川宮威仁親王隨從赴英
天龍艦長	1875 年赴美留學，1877 年入美國安納波利斯海軍學院 (United States Naval Academy)
赤城艦長	1885、1893 參與率隊接浪速、吉野艦；1886 任駐俄羅斯公使館武官
愛宕艦長	1872 年 9 月赴美國留學，學習造船學和航海術，1877 年入安納波利斯海軍學院 (United States Naval Academy)，1881 年畢業

	曾到國家	出生年份	姓　名
	德國、法國	1853	片岡七郎
	美國、歐洲各國	1867	東伏見宮依仁親王
	法國、意大利	1859	伊地知彥次郎
	法國	1863	武田秀雄
	英國	1855	戶塚環海
	英國	1855	高木太刀三郎
	美國、英國、法國、德國、意大利、俄國	1850	柴山矢八
	德國、法國、英國、比利時、美國	1843	有地品之允
	美國、英國、法國、德國、俄國	1838	山縣有朋
	美國、中國、朝鮮、德國、俄國	1852	福島安正
	中國、比利時	1859	青木宣純

戰時職務	經　歷
金剛艦長	1889—1894 年留學德國，學習炮術。後出任德國公使館武官，考察歐洲各國海軍
浪速艦分隊長	1888 年入法國布列斯特海軍學院
橋立艦分隊長	1890 年 7 月赴法國、意大利，進行軍事視察
嚴島艦工程技術官員	1892 赴法國留學
旅順口基地醫院院長	1881 年自費赴英國留學
呉鎮造船部造機科主幹；曾派遣旅順口基地	1884 年赴英學習
佐世保鎮守府司令長官	1871 年赴美留學；1886 年隨西鄉從道一同考察歐美
吳鎮守府司令長官	1870 年，隨大山岩赴歐考察普法戰爭戰場
第一軍司令官	1869 年赴歐洲各國考察；1888 年 12 月，赴歐洲各國調查地方制度
第一軍參謀	1876 年赴美國參加費城博覽會；1882 年派駐朝鮮、清國；1883 年出任駐清國公使館武官，進行諜報活動；1886 年赴印度探險；1887 年出任德國公使館武官，隻身騎馬橫跨西伯利亞，瞭解各地地形、國情
第一軍參謀	1884 年至 1887 年被派往中國蒐集情報；1891 年赴比利時留學

	曾到國家	出生年份	姓　名
	法國、德國、瑞士、荷蘭、比利時、奧地利、俄國、美國	1842	大山岩
	歐洲（何國待考）	1851	井上光
	德國	1863	大井成元 / 大井菊太郎
	德國	1847	北白川宮能久親王
	德國、比利時、美國、英國、法國、意大利、奧地利	1847	桂太郎
	德國	1854	木越安綱
	德國、美國	1846	山口素臣
	法國	1851	田村久井
	美國、英國、法國、德國、意大利	1841	野津道貫
	歐洲（何國待考）	1846	奧保鞏
	法國	1846	大久保春野
	德國	1849	乃木希典
	英國、法國、德國、俄國	1845	立見尚文
	法國	1850	長谷川好道

戰時職務	經　歷	
第二軍司令官	1870 年奉兵部命令赴歐洲考察普法戰爭，考察包括戰鬥狀況、戰略得失、兵制改革等；1884 年率領陸軍部下 17 人赴歐美各國考察兵制，在法國、德國觀摩軍事演習，並聘請軍事教官	
第二軍參謀長	1894 年 2 月至 9 月赴歐洲進行軍事考察	
第二軍參謀、台灣總督府參謀	1890 年赴德國學習，分配至普魯士步兵第 113 連隊，1893 年 12 月晉升步兵大尉	
近衛師團長	1870 年 12 月赴德國留學，入普魯士軍事學院	
第三師團長	1870 年為赴法國留學，後改為赴德國留學，研究德國軍事；1875 年赴德國出任德國公使館武官；1884 年隨大山岩赴歐美各國考察兵制	
第三師團參謀長	1883 年赴德國留學	
第二師團步兵第三旅團長	1887 年到德國、美國考察軍事	
第三師團騎兵第三大隊長	1886 年赴法國留學	
第五師團長、第二軍司令官	1876 年赴美參加費城博覽會；1884 年隨大山岩赴歐美各國考察兵制	
第五師團長	1894 年 2 月至 9 月赴歐洲進行軍事考察	
第七旅團長少將	1870 年 10 月赴法國留學，研修軍事刑法學	
步兵第一旅團長	1887 年奉命與川上操六少將一起赴德國留學，留學時潛心專研德國兵制兵學。並考察德國軍隊與皇帝關係等	
步兵第十旅團長	1886 年隨小松宮彰仁親王訪問歐洲	
步兵第十二旅團長	1885 年赴法國留學，研究歐洲軍事	

	曾到國家	出生年份	姓　名
	德國	1854	大迫尚道
	英國	1853	玉利親賢
	法國	1859	秋山好古
	比利時、法國	1864	島川文八郎
	德國	1862	森林太郎，又名森鷗外
	美國、法國	1857	瓜生外吉
	德國、英國	1844	青木周藏
	俄國、法國	1847	西德二郎
	美國、中國	1855	小村壽太郎

戰時職務	經　歷	
野炮第一連隊大隊長、第一軍參謀	1889 年 5 月赴德國留學；1981 年出任德國公使館武官	
旅順口基地參謀	1891 年—1894 年赴英國留學	
騎兵第一大隊長	1887 年 7 月以輔導員身份前往法國，輔導進入聖西爾軍官學校（École Spéciale Militaire de Saint-Cyr）的舊藩主兒子久訟定謨，期間研習馬術；1890 年 1 月變更為官費留學，學習法國馬術	
東京炮兵工廠板橋火藥製造所長	1891 年 3 月同青木宣純、田野富太郎等人赴比利時留學；1892 年 12 月赴法國留學，研究無煙火藥製造；1894 年 3 月購入德國式火藥製造機	
軍醫學校長	1884 年赴德國留學	
駐法國大使館武官	1875 年入美國安納波利斯海軍學院（United States Naval Academy）學習炮術；1892 年作為武官赴任法國大使館	
駐英國公使（兼德國）	1868 年赴德國留學	
駐俄羅斯公使（兼瑞典）	1870 年赴聖彼得堡留學，後遊歷中亞；1874 年赴巴黎，任駐法國公使館一秘	
駐清國代理公使	1875 年赴美留學，入哈佛大學